Mein Mathebuch Arbeitsheft

Aufgabenniveau

1 Dies sind einfache Übungsaufgaben.

2 Hier kannst du Zusammenhänge entdecken.

3 Bei diesen Aufgaben musst du gründlich überlegen.

ICH + DU + WIR

ICH Überlege zuerst alleine.

DU Tausche dich dann mit deinem Partnerkind aus.

WIR Vergleicht nun eure Lösungswege
und Entdeckungen in der Gruppe.

Hefteinträge

 Rechne weiter in deinem Heft.

Lösungszahlen

Kontrolliere mit den blauen Zahlen in den Klammern (5) oder
unter den Aufgaben 7, 12, 15, 19 oder mit der Prüfzahl (PZ) deine Lösungen.

Lösungssätze

Hinter einigen Aufgaben stehen blaue Buchstaben. Trage sie auf den dafür
vorgesehenen Linien ein. Zu jedem Lösungssatz am Ende einer ungeraden Seite gehört
ein Tier. Suche es im Ausschneidebogen auf Seite 71 und klebe es im Mathe-Zoo auf
Seite 70 ins passende Gehege.

Das kann ich schon

Hier kannst du erproben, was du schon kannst.

Unser Mathebuch

Erfinde Aufgaben für „Unser Mathebuch".

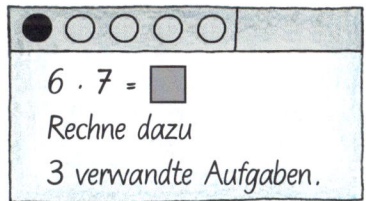

Meine Mathebox

Schneide die Kärtchen aus, die deinem Arbeitsheft beiliegen.
So kannst du üben:

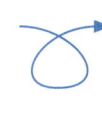

$6 \cdot 7 =$ ▨
Rechne dazu
3 verwandte Aufgaben.

$6 \cdot 7 =$ 42
Verwandte Aufgaben:
$7 \cdot 6 = 42$
$42 : 6 = 7$
$42 : 7 = 6$

Mathe-box

1. Lies die Aufgabe.
2. Schreibe die Aufgabe
   mit dem Ergebnis auf.

3. Drehe das Kärtchen
   um und überprüfe
   dein Ergebnis.

4. Richtig gerechnet?
   Dann wandert das
   Kärtchen ein Fach
   weiter.

Fit für die 3. Klasse

1

ICH ▸ Mit welchen Tricks rechnest du?
DU ▸ Wie rechnet dein Partnerkind? Vergleicht.
WIR ▸ Vergleicht in der Gruppe. Welche Tricks sind geschickt? Begründet.

2
18 + 6 = ____	21 − 4 = ____	24 + 8 = ____	36 − 7 = ____
35 + 6 = ____	52 − 4 = ____	43 + 8 = ____	63 − 7 = ____
47 + 6 = ____	73 − 4 = ____	66 + 8 = ____	91 − 7 = ____
88 + 6 = ____	91 − 4 = ____	79 + 8 = ____	44 − 7 = ____

Erfinde weitere ⊕ und ⊖ Aufgaben mit Zehnerübergang.

17, 24, 29, 32, 37, 41, 48, 51, 53, 56, 69, 74, 84, 87, 87, 94

3 Schöne Türme! Rechne. Untersuche jeweils die 1. Zahl, die 2. Zahl und das Ergebnis. Was entdeckst du? Notiere deine Entdeckungen im Heft.

a)
24	+	27	=
34	+	27	=
	+		=
	+		=
	+		=

b)
98	−	29	=
93	−	29	=
	−		=
	−		=
	−		=

c)
32	+	61	=
39	+	51	=
	+		=
	+		=
	+		=

d)
93	−	66	=
78	−	55	=
	−		=
	−		=
	−		=

4
38 − 17 = ____	____ + 28 = 56	66 + 34 = ____	83 − 46 = ____
____ − 17 = 56	34 + 28 = ____	____ + 34 = 52	72 − 46 = ____
____ − 17 = 83	____ + 28 = 69	____ + 34 = 93	____ − 46 = 35
97 − 17 = ____	55 + 28 = ____	47 + 34 = ____	____ − 46 = 29

18, 21, 26, 28, 37, 41, 59, 62, 73, 75, 80, 81, 81, 83, 100, 100

5
29 + 13 = ____ T	86 − 41 = ____ E	74 − 58 = ____ D
74 − 23 = ____ L	68 + 23 = ____ S	29 + 54 = ____ R
44 + 38 = ____ F	75 − 43 = ____ E	65 − 26 = ____ S
73 − 9 = ____ C	56 + 22 = ____ H	39 + 13 = ____ E
92 − 32 = ____ S	41 − 17 = ____ R	66 + 28 = ____ R
17 + 19 = ____ I	69 − 22 = ____ N	58 − 29 = ____ Ö
87 − 32 = ____ I	55 + 34 = ____ S	74 − 25 = ____ F
80 − 49 = ____ W	78 + 14 = ____ E	38 − 19 = ____ E
19 + 27 = ____ I	85 − 57 = ____ L	44 + 43 = ____ E

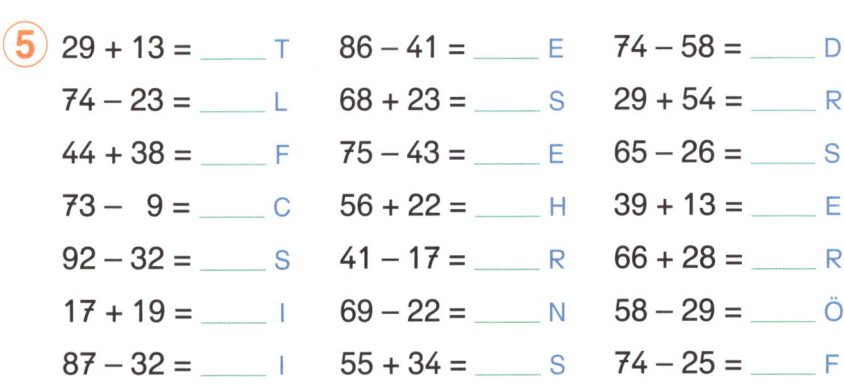

Wie heißt der Lösungssatz? Trage ihn auf Seite 3 unten ein.

Mein Mathebuch 3 – Arbeitsheft © 2015 Cornelsen Schulverlage GmbH, Berlin

6

100 − 42 = ____   50 − 29 = ____

90 − 28 = ____   40 − 22 = ____

80 − 53 = ____   30 − 18 = ____

70 − 34 = ____   20 − 14 = ____

60 − 48 = ____   10 − 8 = ____

7

14 + ____ = 35   32 − ____ = 15

24 + ____ = 45   42 − ____ = 15

34 + ____ = 55   52 − ____ = 15

44 + ____ = 65   62 − ____ = 15

54 + ____ = 75   72 − ____ = 15

8 Welche Zahl ist es? Schreibe auf, wie du rechnest.

| Meine Zahl ist um 28 größer als 56. | Meine Zahl ist um 44 kleiner als 76. | Meine Zahl ist um 25 kleiner als die größte 2-stellige Zahl. |

_____   _____   _____

 Erfinde eigene Zahlenrätsel.

9 Was kostet wie viel?

ein Spielkartendeck: ____ €

ein Auto: ____ €

ein Springseil: ____ €

ein Buch: ____ €

ein Bär: ____ €

eine Puppe: ____ €

eine Schneekugel: ____ €

ein Ritter: ____ €

ein Ball: ____ €

zusammen: 29 €

zusammen: 26 €

zusammen: 16 €

zusammen: 18 €

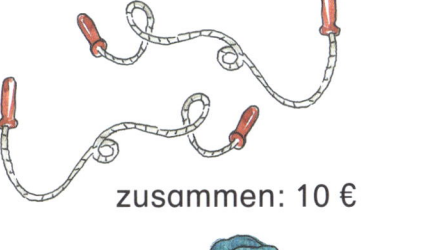

zusammen: 10 €

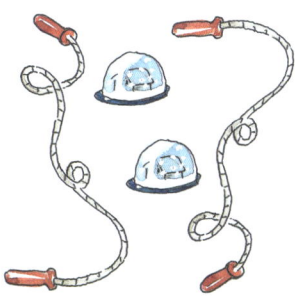

zusammen: 40 €

zusammen: 17 €

zusammen: 18 €   zusammen: 20 €

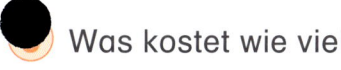

16 19 24   28 29 31 32   36 39 42   45 46 47

_____ .

49 51 52 55 60 64 78 82 83 87 89 91 92 94

Suche im Internet oder in Prospekten nach Preisen für Spielzeug. Schreibe und male eine ähnliche Aufgabe für „Unser Mathebuch".

Geheim, geheim – knacke den Code!

① Blitzgescheit in kurzer Zeit.

6 + 6 = _____ P   20 − 20 = _____ R   8 − 6 = _____ C   7 − 3 = _____ N   9 + 7 = _____ E

4 + 7 = _____ Ö   14 − 8 = _____ N   9 + 5 = _____ C   17 − 4 = _____ F   13 − 6 = _____ M

17 − 9 = _____ I   12 + 5 = _____ N   12 − 11 = _____ E   11 − 6 = _____ E   5 + 6 = _____

7 + 8 = _____ H   13 − 4 = _____ T   6 + 4 = _____ K   12 − 9 = _____ H   19 − 7 = _____

__ __ __ __ __ __ __   __ __ __   __ __ __ __ __ __ __ __ .

0   1   2   3   4   5   6   7   8   9   10   11   12   13   14   15   16   17

② Welche Zahlen sind in den Zeichen versteckt?

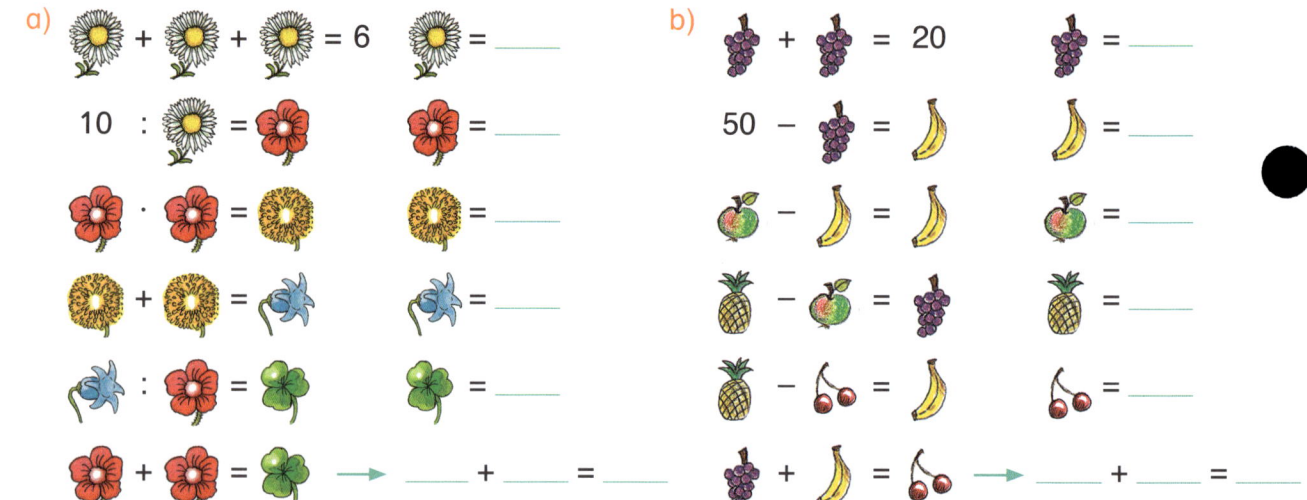

③ Rechne geschickt. Erkläre deinem Partnerkind den Rechentrick.

33 + 24 + 17 = _____ PZ: 11   98 − 25 − 38 = _____ PZ: 8   96 − 43 − 26 = _____ PZ: 9

97 − 25 − 47 = _____ PZ: 7   35 + 45 + 16 = _____ PZ: 15   22 + 33 + 28 = _____ PZ: 11

62 + 14 + 18 = _____ PZ: 13   36 + 23 + 34 = _____ PZ: 12   23 + 37 + 17 = _____ PZ ●

95 − 14 − 35 = _____ PZ: 10   83 − 41 − 13 = _____ PZ: 11   69 − 29 − 26 = _____ PZ: 5

④ Wie rechnest du?

38 + 24 = _____ PZ: 8   29 + 63 = _____ PZ: 11   18 + 73 = _____ PZ: 10

_____   _____   _____

45 + 28 = _____ PZ: 10   56 + 39 = _____ PZ: 14   27 + 49 = _____ PZ: 13

_____   _____   _____

92 − 37 = _____ PZ: 10   81 − 55 = _____ PZ: 8   62 − 24 = _____ PZ: 11

_____   _____   _____

66 − 18 = _____ PZ: 12   75 − 39 = _____ PZ: 9   57 − 29 = _____ PZ: 10

_____   _____   _____

> *Mein Tipp: Nutze die Zehnernähe!*

Mein Mathebuch 3 – Arbeitsheft © 2015 Cornelsen Schulverlage GmbH, Berlin

Rechenmauern

ICH + DU + WIR ▸ Vergleicht die Zielzahlen. Was entdeckt ihr? Warum ist das so?
Begründet.

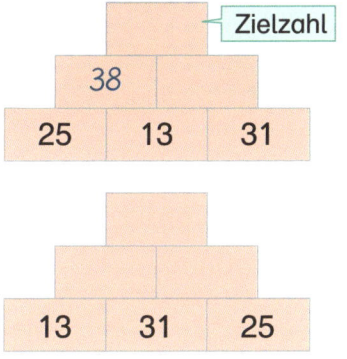

Zielzahl

	38	
25	13	31

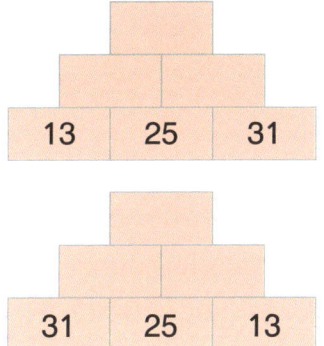

| 13 | 25 | 31 |

| 25 | 31 | 13 |

| 13 | 31 | 25 |

| 31 | 25 | 13 |

| 31 | 13 | 25 |

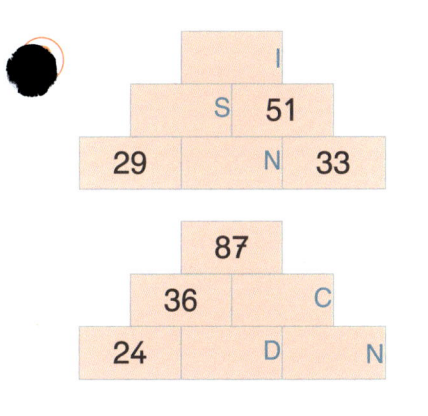

	I	
S	51	
29	N	33

	R	
53	34	
O	17	N

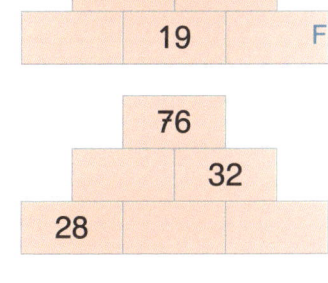

		94	
	W	28
	19	F

	87	
36	C	
24	D	N

	92	
58	T	
R	12	

	76	
	32
28	

③

	E	
59		
N	D	17
27	11	E	L

	S	
52	E	
35		25
P	9	Ö

	100	
N	54	
E		I
N	18	9

	95	
43	H	
18	E	
7	R	K	E

	N	
E	33	
47	N	
9	11	I

	98	
	49
27	
12	

④

	99	
	40	
9		33

Hier musst
du knobeln.

Zielzahl immer
• 41   • 75   • 99
Bilde zu jeder Zahl
unterschiedliche Mauern.

1 2 7 8 9 10 11 12 13   14 16 17 18 19 20   21 22 25 27

34 36 38 39 42 46   47 51 52 66 67 87   94 97 98 100

Arithmetische Muster beschreiben und entwickeln

MB Seite 9   5

Wiederholung Klasse 2

1 Antonia sammelt Muscheln für eine Kette. Sie hat bereits 25 weiße, 18 graue und 9 gelbe Muscheln. Am Strand findet sie noch 15 schwarze und 7 braune.
F: Wie viele Muscheln hat Antonia insgesamt?

a) Sei schlau, lies genau!

ICH + DU + WIR ▶ Welche Informationen könnt ihr dem Text entnehmen? Welche braucht ihr zum Lösen der Aufgabe? Begründet.

b) Erst erzählen, dann die Rechnung wählen.

ICH + DU ▶ Erzählt euch die Rechengeschichte in eigenen Worten.
Am Anfang … Dann … Am Ende …

c) Signalwörter erkennen, Rechenzeichen nennen.

Unterstreiche wichtige Zahlen und Wörter.

d) Zeichne einfach, zeichne klar, schon stellt sich die Lösung dar.

Erstelle eine Skizze (S). Vergleiche mit deinem Partnerkind.

S:

e) Die Frage führt zur Antwort.

Schreibe Rechnung (R) und Antwort (A).

R: _____

A: _____

f) Nach dem Rechnen fällt mir ein, wird die Antwort logisch sein?

Kann deine Lösung stimmen? Überprüfe.

Emil hat 18 blaue Murmeln.
Ludwig schenkt ihm 9 schwarze und Monika 7 rote.
F: Wie viele Murmeln hat Emil nun?
Löse die Rechengeschichte wie in Aufgabe 1.

① Schöne Paare! Was entdeckst du? Tausche dich mit deinem Partnerkind aus.

$2 \cdot 4 =$ _____ $7 \cdot 4 =$ _____ $1 \cdot 4 =$ _____ $5 \cdot 4 =$ _____

$2 \cdot 8 =$ _____ $7 \cdot 8 =$ _____ $1 \cdot 8 =$ _____ $5 \cdot 8 =$ _____

$4 \cdot 8 =$ _____ $4 \cdot 10 =$ _____ $4 \cdot 9 =$ _____ $4 \cdot 4 =$ _____

$8 \cdot 8 =$ _____ $8 \cdot 10 =$ _____ $8 \cdot 9 =$ _____ $8 \cdot 4 =$ _____

 Finde weitere schöne Paare!

② _____ $\cdot 4 = 24$ _____ $\cdot 5 = 30$ _____ $\cdot 4 = 36$ _____ $\cdot 4 = 32$

_____ $\cdot 2 = 6$ _____ $\cdot 8 = 48$ _____ $\cdot 8 = 72$ _____ $\cdot 2 = 18$

$5 \cdot$ _____ $= 25$ $8 \cdot$ _____ $= 16$ $7 \cdot$ _____ $= 28$ $8 \cdot$ _____ $= 56$

$4 \cdot$ _____ $= 20$ $3 \cdot$ _____ $= 24$ $8 \cdot$ _____ $= 64$ $5 \cdot$ _____ $= 40$

 Manchmal gibt es mehrere Lösungen.

③

$2 \cdot \square = \boxed{10}$	$4 \cdot \square = \boxed{8}$	$3 \cdot \square = \boxed{9}$
$\cdot \quad \cdot \quad \cdot$	$\cdot \quad \cdot \quad \cdot$	$\cdot \quad \cdot \quad \cdot$
$\square \cdot \square = \square$	$\square \cdot \square = \square$	$\square \cdot \square = \square$
$= \quad = \quad =$	$= \quad = \quad =$	$= \quad = \quad =$
$\boxed{6} \cdot \square = \boxed{30}$	$\square \cdot \square = \boxed{40}$	$\square \cdot \square = \boxed{18}$

④

$15 = \underline{3} \cdot \underline{4} + 3$ $22 =$ ___ $\cdot$ ___ $+ 2$ $53 =$ ___ $\cdot$ ___ $+ 3$ $79 =$ ___ $\cdot$ ___ $+ 7$

$83 =$ ___ $\cdot$ ___ $+ 3$ $34 =$ ___ $\cdot$ ___ $+ 2$ $67 =$ ___ $\cdot$ ___ $+ 3$ $35 =$ ___ $\cdot$ ___ $+ 7$

$59 =$ ___ $\cdot$ ___ $+ 3$ $42 =$ ___ $\cdot$ ___ $+ 2$ $39 =$ ___ $\cdot$ ___ $+ 3$ $47 =$ ___ $\cdot$ ___ $+ 7$

$27 =$ ___ $\cdot$ ___ $+ 3$ $18 =$ ___ $\cdot$ ___ $+ 2$ $28 =$ ___ $\cdot$ ___ $+ 3$ $23 =$ ___ $\cdot$ ___ $+ 7$

⑤ Teile. Manchmal bleibt ein Rest.

$14 : 4 =$ _____ $17 : 8 =$ _____ $18 : 8 =$ _____ $13 : 4 =$ _____

$32 : 4 =$ _____ $50 : 8 =$ _____ $74 : 8 =$ _____ $26 : 4 =$ _____

$20 : 4 =$ _____ $56 : 8 =$ _____ $83 : 8 =$ _____ $39 : 4 =$ _____

$41 : 4 =$ _____ $24 : 8 =$ _____ $48 : 8 =$ _____ $28 : 4 =$ _____

⑥ Rechne.

$3 \cdot 5 =$ ___ N $7 \cdot 4 =$ ___ B $3 \cdot 4 =$ ___ F $6 \cdot 4 =$ ___ E $3 \cdot 2 =$ ___ A

$9 \cdot 4 =$ ___ B $8 \cdot 5 =$ ___ A $5 \cdot 4 =$ ___ I $4 \cdot 2 =$ ___ F $10 \cdot 8 =$ ___ E

$9 \cdot 10 =$ ___ N $2 \cdot 8 =$ ___ L $7 \cdot 2 =$ ___ E $9 \cdot 8 =$ ___ N $4 \cdot 4 =$ ___

$7 \cdot 8 =$ ___ A $8 \cdot 4 =$ ___ N $6 \cdot 8 =$ ___ N $6 \cdot 5 =$ ___ E $3 \cdot 8 =$ ___

___ ___ ___ ___ ___   ___ ___ ___ ___ ___ ___   ___ ___ ___ ___ ___ ___ ___ ___ .

6   8   12   14   15   16   20   24   28   30   32   36   40   48   56   72   80   90

Mein Mathebuch 3 – Arbeitsheft © 2015 Cornelsen Schulverlage GmbH, Berlin

Das Einmaleins mit 3

1 Blitzgescheit in kurzer Zeit.

$3 \cdot 3 =$ ____ I $8 \cdot 3 =$ ____ I $0 \cdot 4 =$ ____ F $5 \cdot 3 =$ ____ D $4 \cdot 3 =$ ____ N

$8 \cdot 4 =$ ____ R $9 \cdot 4 =$ ____ N $9 \cdot 9 =$ ____ N $6 \cdot 8 =$ ____ F $9 \cdot 3 =$ ____ E

$6 \cdot 3 =$ ____ E $7 \cdot 3 =$ ____ D $7 \cdot 8 =$ ____ G $8 \cdot 8 =$ ____ A $10 \cdot 8 =$ ____ E

$9 \cdot 8 =$ ____ B $9 \cdot 5 =$ ____ U $10 \cdot 3 =$ ____ E $7 \cdot 4 =$ ____ K $5 \cdot 8 =$ ____ A

____ ____ ____ ____ ____   ____ ____ ____   ____ ____ ____ ____ ____ ____ ____ ____ ____ ____ ____ .
0   9   12   15   18   21   24   27   28   30   32   36   40   45   48   56   64   72   80   81

2 Rechne immer Aufgabe und Tauschaufgabe.

$4 \cdot 3 =$ ____ $0 \cdot 3 =$ ____ $8 \cdot 3 =$ ____ $7 \cdot 3 =$ ____ $2 \cdot 3 =$ ____
_____   _____   _____   _____   _____

$5 \cdot 3 =$ ____ $10 \cdot 3 =$ ____ $6 \cdot 3 =$ ____ $9 \cdot 3 =$ ____ $3 \cdot 3 =$ ____
_____   _____   _____   _____

3 Welche Ergebnisse (3) passen nicht zum Einmaleins mit 3? Streiche durch.

9   27   3   21   18   12   14   23   30   13   15   24

4 Rechne und mache die Probe (P).

$17 : 3 =$ _5 R 2_ $21 : 3 =$ _____ $12 : 3 =$ _____ $23 : 3 =$ _____
P: _5 · 3 + 2 = 17_   P: _____   P: _____   P: _____

$5 : 3 =$ _____ $28 : 3 =$ _____ $27 : 3 =$ _____ $24 : 3 =$ _____
P: _____   P: _____   P: _____   P: _____

$9 : 3 =$ _____ $22 : 3 =$ _____ $14 : 3 =$ _____ $10 : 3 =$ _____
P: _____   P: _____   P: _____   P: _____

5 Welche Zahl ist es? Schreibe auf, wie du rechnest.

Meine Zahl ist das 7-fache von 3.

Wenn ich meine Zahl durch 3 teile, erhalte ich das 3-fache von 3.

Wenn ich meine Zahl mit 3 malnehme, erhalte ich die Hälfte von 12.

Erfinde ähnliche Zahlenrätsel.

_____   _____   _____

Mein Mathebuch 3 – Arbeitsheft © 2015 Cornelsen Schulverlage GmbH, Berlin

1 Schreibe alle Ergebnisse zum Einmaleins mit 6 auf.

_____

2 ____ · 6 = 36   ____ · 6 = 54   ____ · 6 = 30   ____ · 6 = 66

   ____ · 6 = 18   ____ · 6 = 42   ____ · 6 = 6   ____ · 6 = 48

   ____ · 6 = 12   ____ · 6 = 24   ____ · 6 = 0   ____ · 6 = 60

3 Teile. Manchmal bleibt ein Rest.

   30 : 6 = _____   15 : 6 = _____   36 : 6 = _____

   31 : 6 = _____   28 : 6 = _____   43 : 6 = _____

   32 : 6 = _____   39 : 6 = _____   50 : 6 = _____

   33 : 6 = _____   63 : 6 = _____   57 : 6 = _____

 Erfinde weitere ⋮ Aufgaben mit und ohne Rest.

4 Rechne und mache die Probe (P).

   35 : 6 = __5 R 5__   45 : 6 = _____   38 : 6 = _____   13 : 6 = _____

   P: __5 · 6 + 5 = 35__   P: _____   P: _____   P: _____

   58 : 6 = _____   19 : 6 = _____   29 : 6 = _____   34 : 6 = _____

   P: _____   P: _____   P: _____   P: _____

5 Welche Zahl ist es? Schreibe auf, wie du rechnest.

 Meine Zahl ist das 7-fache von 6.

_____

 Wenn ich meine Zahl durch 6 teile und 6 dazuzähle, erhalte ich 8.

_____

6 Rechne.

   2 · 6 = ____ E   8 · 8 = ____ E   3 · 6 = ____ E   6 · 6 = ____ E   4 · 8 = ____ L

   5 · 8 = ____ S   0 · 6 = ____ S   9 · 8 = ____ R   6 · 4 = ____ N   7 · 3 = ____ I

   1 · 3 = ____ C   5 · 4 = ____ S   7 · 6 = ____ F   7 · 8 = ____ S   9 · 6 = ____ E

   4 · 4 = ____ N   3 · 3 = ____ W   5 · 3 = ____ I   1 · 6 = ____ H   8 · 6 = ____ R

   10 · 6 = ____ S   5 · 6 = ____ L   7 · 4 = ____ A   9 · 3 = ____ D   8 · 3 = ____

7 Beim Würfelspiel hat Igor mit vier Würfeln jeweils eine 6 gewürfelt.
F: Wie viele Würfelaugen sind das?

___ ___ ___ ___ ___ ___ ___   ___ ___ ___ ___
 0   3   6   9   12   15   16   18   20   21   24   27

___ ___ ___ ___ ___ ___ ___ ___ ___ ___ ___ ___ .
28   30   32   36   40   42   48   54   56   60   64   72

R: _____

A: _____

Mein Mathebuch 3 – Arbeitsheft © 2015 Cornelsen Schulverlage GmbH, Berlin

Das Einmaleins mit 9

1 Blitzgescheit in kurzer Zeit.

$2 \cdot 3 =$ _____ A $9 \cdot 3 =$ _____ G $8 \cdot 8 =$ _____ L $5 \cdot 6 =$ _____ A $6 \cdot 8 =$ _____ N

$9 \cdot 5 =$ _____ E $7 \cdot 8 =$ _____ E $9 \cdot 6 =$ _____ H $6 \cdot 3 =$ _____ A $4 \cdot 6 =$ _____ F

$4 \cdot 4 =$ _____ H $10 \cdot 10 =$ _____ N $7 \cdot 6 =$ _____ B $9 \cdot 8 =$ _____ F $0 \cdot 9 =$ _____ T

$7 \cdot 3 =$ _____ U $9 \cdot 9 =$ _____ E $3 \cdot 3 =$ _____ U $4 \cdot 3 =$ _____ S $5 \cdot 3 =$ _____ C

___ ___ ___ ___ ___ ___ ___ ___ ___ ___ ___ ___ ___   ___ ___ ___ ___ ___ ___ .

0   6   9   12   15   16   18   21   24   27   30   42   45   48   54   56   64   72   81   100

2 Schöne Türme! Was entdeckst du? Tausche dich mit deinem Partnerkind aus.

$2 \cdot 3 =$ _____ $6 \cdot 3 =$ _____ $4 \cdot 3 =$ _____ $7 \cdot 3 =$ _____

$2 \cdot 6 =$ _____ $6 \cdot 6 =$ _____ $4 \cdot 6 =$ _____ $7 \cdot 6 =$ _____

$2 \cdot 9 =$ _____ $6 \cdot 9 =$ _____ $4 \cdot 9 =$ _____ $7 \cdot 9 =$ _____

$3 \cdot 1 =$ _____ $3 \cdot 3 =$ _____ $3 \cdot 8 =$ _____ $3 \cdot 9 =$ _____

$6 \cdot 1 =$ _____ $6 \cdot 3 =$ _____ $6 \cdot 8 =$ _____ $6 \cdot 9 =$ _____

$9 \cdot 1 =$ _____ $9 \cdot 3 =$ _____ $9 \cdot 8 =$ _____ $9 \cdot 9 =$ _____

 Finde weitere schöne Türme!

3 Welche Ergebnisse (3) gehören zum Einmaleins mit 3, mit 6 und mit 9? Male an.

(13) (56) (9) (18) (6) (24) (45) (36) (12) (54) (3) (27)

4 Teile. Manchmal bleibt ein Rest.

$81 : 9 =$ _____ $36 : 9 =$ _____ $18 : 9 =$ _____ $63 : 9 =$ _____

$82 : 9 =$ _____ $34 : 9 =$ _____ $26 : 9 =$ _____ $40 : 9 =$ _____

$83 : 9 =$ _____ $45 : 9 =$ _____ $54 : 9 =$ _____ $27 : 9 =$ ●

$84 : 9 =$ _____ $50 : 9 =$ _____ $72 : 9 =$ _____ $9 : 9 =$ _____

5 Rechne und mache die Probe (P).

$52 : 9 =$ _5 R 7_ $21 : 9 =$ _____ $43 : 9 =$ _____ $72 : 9 =$ _____

P: _5 · 9 + 7 = 52_   P: _____   P: _____   P: _____

$84 : 9 =$ _____ $18 : 9 =$ _____ $64 : 9 =$ _____ $81 : 9 =$ _____

P: _____   P: _____   P: _____   P: _____

$78 : 9 =$ _____ $29 : 9 =$ _____ $48 : 9 =$ _____ $13 : 9 =$ _____

P: _____   P: _____   P: _____   P: _____

$58 : 9 =$ _____ $71 : 9 =$ _____ $99 : 9 =$ _____ $42 : 9 =$ _____

P: _____   P: _____   P: _____   P: _____

1 Rechne immer Aufgabe und Tauschaufgabe.

$2 \cdot 7 =$ _____ $8 \cdot 7 =$ _____ $4 \cdot 7 =$ _____ $3 \cdot 7 =$ _____ $1 \cdot 7 =$ _____

_____   _____   _____   _____   _____

$6 \cdot 7 =$ _____ $10 \cdot 7 =$ _____ $9 \cdot 7 =$ _____ $5 \cdot 7 =$ _____ $7 \cdot 7 =$ _____

_____   _____   _____   _____   _____

2 Teile. Manchmal bleibt ein Rest.

_____ $: 7 = 3$ $14 : 7 =$ _____ $15 : 7 =$ _____ $8 : 7 =$ _____

_____ $: 7 = 6$ $28 : 7 =$ _____ $16 : 7 =$ _____ $23 : 7 =$ _____

_____ $: 7 = 9$ $42 : 7 =$ _____ $17 : 7 =$ _____ $45 : 7 =$ _____

_____ $: 7 = 11$ $56 : 7 =$ _____ $18 : 7 =$ _____ $67 : 7 =$ _____

3 Rechne und mache die Probe (P).

$11 : 7 = \underline{\quad 1\,R\,4 \quad}$ $26 : 7 =$ _____ $35 : 7 =$ _____

P: $\underline{\quad 1 \cdot 7 + 4 = 11 \quad}$ P: _____   P: _____

$56 : 7 =$ _____ $44 : 7 =$ _____ $34 : 7 =$ _____

P: _____   P: _____   P: _____

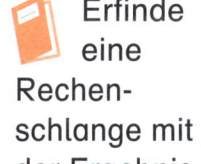

Rechne weitere $:$ Aufgaben. Mache die Probe.

4 Ellenlange Rechenschlange: Rechne immer mit dem Ergebnis weiter.

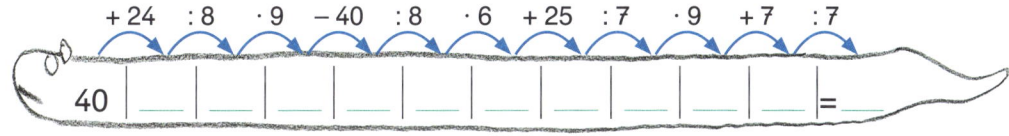

$+24$ $:8$ $\cdot 9$ -40 $:8$ $\cdot 6$ $+25$ $:7$ $\cdot 9$ $+7$ $:7$

40 ___ ___ ___ ___ ___ ___ ___ ___ ___ ___ = ___

Erfinde eine Rechenschlange mit der Ergebniszahl 70.

5 Im Blumenbeet entdeckt Steffi drei Siebenpunkt-Marienkäfer.
F: Wie viele Punkte haben die Marienkäfer zusammen?    S:

R: _____

A: _____

6 Rechne.

$9 \cdot 3 + 12 =$ ____ E $3 \cdot 4 + 12 =$ ____ T $7 \cdot 4 - 9 =$ ____ H $6 \cdot 8 - 14 =$ ____ E

$2 \cdot 4 - 6 =$ ____ F $7 \cdot 0 + 25 =$ ____ T $4 \cdot 9 + 15 =$ ____ E $9 \cdot 2 - 10 =$ ____ S

$5 \cdot 6 + 25 =$ ____ R $6 \cdot 6 - 9 =$ ____ R $2 \cdot 3 + 32 =$ ____ L $7 \cdot 5 - 17 =$ ____ C

$9 \cdot 9 - 31 =$ ____ G $9 \cdot 8 - 23 =$ ____ N $7 \cdot 7 - 23 =$ ____ E $8 \cdot 7 + 22 =$ ____ E

$8 \cdot 2 + 16 =$ ____ I $0 \cdot 9 + 57 =$ ____ N $8 \cdot 8 - 35 =$ ____ P $6 \cdot 3 + 43 =$ ____

$3 \cdot 7 - 14 =$ ____ I $9 \cdot 5 - 23 =$ ____ O $3 \cdot 3 + 19 =$ ____ S $4 \cdot 8 + 29 =$ ____

_____ .

2   7   8   18   19   22   24   25   26   27   28   29   32   34   38   39   49   50   51   55   57   78

Mein Mathebuch 3 – Arbeitsheft © 2015 Cornelsen Schulverlage GmbH, Berlin

Teilen mit und ohne Rest

1 Blitzgescheit in kurzer Zeit.

64 : 8 = ___ E	28 : 4 = ___ L	9 · 7 = ___ H	9 · 9 = ___ I	9 · 6 = ___ C
8 : 4 = ___ C	6 : 6 = ___ I	3 · 4 = ___ I	3 · 5 = ___ M	5 · 5 = ___ E
16 : 4 = ___ T	27 : 9 = ___ H	9 · 8 = ___ T	6 · 7 = ___ R	6 · 8 = ___ I
35 : 7 = ___ E	18 : 3 = ___ I	8 · 3 = ___ M	4 · 9 = ___ R	10 · 10 = ___ G

___ ___ ___   ___ ___ ___ ___ ___   ___ ___ ___ ___ ___   ___ ___ ___ ___ ___ ___ ___ .
 1   2   3   4   5   6   7   8   12 15 24 25 36   42 48 54 63 72 81 100

2 Rechne zu jeder Zahl immer drei ⊙ Aufgaben. Vergleiche mit deinem Partnerkind.

 24    16    36    30

_____   _____   _____   _____

_____   _____   _____   _____

_____   _____   _____   _____

3 Rechne und mache die Probe (P).

9 : 2 = _4 R 1_   42 : 4 = _____   23 : 5 = _____   82 : 9 = _____

P: _4 · 2 + 1 = 9_   P: _____   P: _____   P: _____

19 : 2 = _____   34 : 4 = _____   56 : 6 = _____   47 : 8 = _____

P: _____   P: _____   P: _____   P: _____

4 **ICH + DU + WIR** Rechnet. Was entdeckt ihr? Schreibt auf.
Sprecht über eure Entdeckungen in der Gruppe.

:	3	6	9
12			
15			
18			
21			
24			
27			
30			

:	2	4	8
8			
10			
12			
14			
16			
18			
20			

_____

_____

_____

Mein Mathebuch 3 – Arbeitsheft © 2015 Cornelsen Schulverlage GmbH, Berlin

1 Wie viel kosten die einzelnen Perlen? Rechne. Wie gehst du vor? Besprich dich mit deinem Partnerkind.

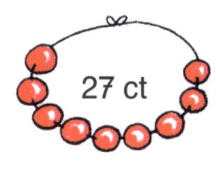 27 ct 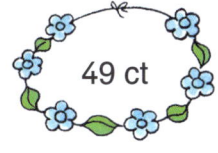 49 ct 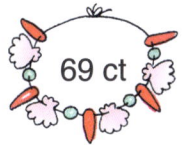 69 ct 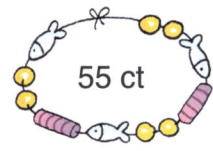 55 ct

27 ct : 9 = _____

🔴 = _____ ct H

🌸 = 4 ct
🍃 = _____ ct U

⚪ = 2 ct
🌼 = _____ ct A
🥕 = 5 ct

🟡 = 3 ct
🐟 = 7 ct
🪱 = _____ ct H

 Erfinde eigene Perlenketten für „Unser Mathebuch".

2 Andi hat 25 Perlen. Er verschenkt sie an drei Freunde. Beim Verteilen gibt es ein Problem. Warum? Schreibe eine Rechnung und erkläre das Problem, das die Kinder haben.

R: _____

_____

3 Resuls Mutter geht einkaufen. Der Vater möchte drei Würstchen, die Mutter und die drei Kinder wollen je zwei Würstchen zum Grillen.
F: Wie viele Würstchen muss Resuls Mutter einkaufen?

R: _____

A: _____ F

S: [   ]

4 Die Lehrerin kauft Äpfel für ihre Klasse. In jeder Packung sind 6 Äpfel. Jedes Kind soll einen Apfel bekommen.
F: Wie viele Packungen muss die Lehrerin kaufen, wenn 22 Kinder in der Klasse sind?

R: _____

A: _____ E

S: [   ]

5 Welche Zahl ist es? Schreibe auf, wie du rechnest.

Meine Zahl ist das 6-fache von 8.

Meine Zahl ist der Unterschied zwischen den Ergebnissen von 7 · 5 und 9 · 9.

_____ R _____ E

 Erfinde eine eigene Rechengeschichte zum Einmaleins.

ESEL FRESSEN GERNE ___ ___ ___ UND ___ ___ ___ ___ ___ .
                               3 4 5   8 9 11 46 48

Mein Mathebuch 3 – Arbeitsheft © 2015 Cornelsen Schulverlage GmbH, Berlin

① Rechne.

63 + 28 = ____	56 + ____ = 93	____ + 26 = 92
84 − 36 = ____	47 − ____ = 24	____ − 52 = 18
39 + 27 = ____	13 + ____ = 49	____ + 35 = 44
92 − 46 = ____	72 − ____ = 16	____ − 24 = 25
45 + 38 = ____	38 + ____ = 85	____ + 83 = 97

Wie konntest du
die Aufgaben
lösen?
Male passend
dazu:

② Malnehmen und teilen.

4 · 5 = ____	72 : 8 = ____	____ · 5 = 20	12 : ____ = 3	5 · ____ = 0
7 · 8 = ____	81 : 9 = ____	____ · 4 = 12	16 : ____ = 4	____ : 8 = 4
3 · 9 = ____	49 : 7 = ____	____ · 9 = 54	64 : ____ = 8	10 · ____ = 100
6 · 7 = ____	35 : 5 = ____	____ · 3 = 24	45 : ____ = 9	3 : ____ = 3
8 · 4 = ____	48 : 8 = ____	____ · 6 = 24	15 : ____ = 5	____ · 8 = 0

③ Welche Zahl ist es? Schreibe auf, wie du rechnest.

Wenn du 45 und 29 zusammenzählst, dann weißt du meine Zahl.

Meine Zahl ist das 9-fache von 3.

Wenn du von 88 die Zahl 39 abziehst, erhältst du meine Zahl.

_____   _____   _____

④

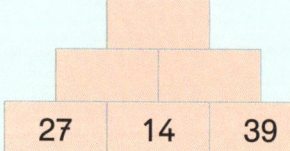

| 27 | 14 | 39 |

| | 33 | 58 | |
| | | 17 | |

		99	
			48
	25		

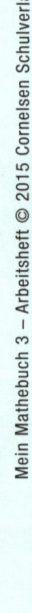

⑤ Sara bastelt ein Fantasietier aus Verpackungsmaterial. Für die Beine nimmt sie 4 leere Konservendosen. Darauf befestigt sie eine Müslipackung für den Bauch. Für den Hals klebt sie 7 Korken aneinander und den Kopf setzt sie aus je einer großen und einer kleinen Keksverpackung zusammen.

F: Aus wie vielen Teilen besteht Saras Fantasietier?

S:

R: _____

A: _____

Mein Mathebuch 3 – Arbeitsheft © 2015 Cornelsen Schulverlage GmbH, Berlin

6 Welche Ergebnisse gehören nicht zum Einmaleins mit 6? Streiche durch.

(12) (42) (30) (18) (27) (36) (60) (56) (24) (46) (54) (16) ◯

7 Rechne und mache die Probe (P).

38 : 5 = _____   26 : 4 = _____   37 : 9 = _____   29 : 7 = _____

P: _____   P: _____   P: _____   P: _____

52 : 8 = _____   22 : 6 = _____   72 : 7 = _____   56 : 6 = _____

P: _____   P: _____   P: _____   P: _____   ◯

8 Wie viel kosten die einzelnen Perlen? Rechne.

 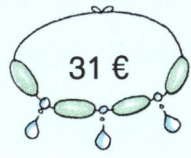  

_____   _____   _____   _____

🌸 = ____ €   🥚 = 4 €   ◈ = 5 €   🌼 = 2 €

                    💧 = ____ €   ● = ____ €   🌀 = 6 €

                                        ● = 8 €   💎 = ____ €   ◯

9 Male deine eigene Kette: Sie darf höchstens 36 € kosten.
Diese Perlen sollen in deiner Kette sein:

   kostet 3 €   🔴 kostet 4 €   🔶 kostet 5 €

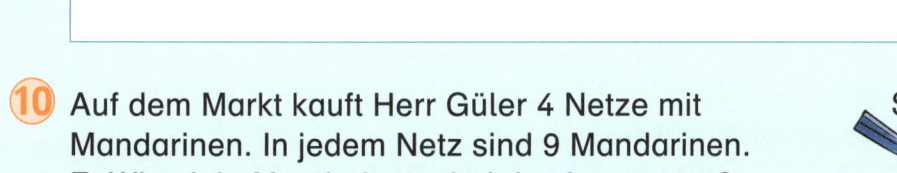

◯

10 Auf dem Markt kauft Herr Güler 4 Netze mit
Mandarinen. In jedem Netz sind 9 Mandarinen.
F: Wie viele Mandarinen sind das insgesamt?

 S:

R: _____

A: _____   ◯

11 Igor und Luisa haben zusammen 15 Schokoriegel.
Igor hat 3 weniger als Luisa.
F: Wie viele Schokoriegel hat jeder?

S:

R: _____

A: _____   ◯

Signalwörter

1 Blitzgescheit in kurzer Zeit.

2 · 9 = ____ N	5 · 7 = ____ I	7 · 6 = ____ H	6 · 4 = ____ E	9 · 8 = ____ T
3 · 9 = ____ S	9 · 7 = ____ L	6 · 8 = ____ N	5 · 9 = ____ E	9 · 9 = ____ !
10 · 3 = ____ R	7 · 8 = ____ I	9 · 4 = ____ C	4 · 7 = ____ T	5 · 5 = ____ R
4 · 8 = ____ E	3 · 4 = ____ U	8 · 8 = ____ F	7 · 7 = ____ H	3 · 7 = ____ T

___
12   18   21   24   25   27   28   30   32   35   36   42   45   48   49   56   63   64   72   81

Auf dem Flohmarkt
Unterstreiche bei jeder Aufgabe wichtige Zahlen und Wörter. Was bedeuten sie?
Besprich dich mit deinem Partnerkind. Schreibe dann F, R, A.

2 Hannes verkauft 4 Bücher zu je 3 Euro und
3 Modellautos zu je 8 Euro.
F: Wie viele Euro nimmt Hannes ein?

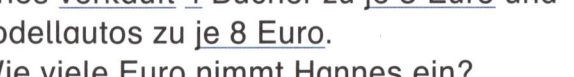

Hier habe ich schon unterstrichen.

R: _____

A: _____ L

3 Leila verkauft bis Mittag 4 Puppen zu je 7 Euro und
8 Puppenkleider zu je 3 Euro.
Am Abend hat sie insgesamt 65 Euro eingenommen.
F: Wie viele Euro hat Leila am Nachmittag verdient?

R: _____

A: _____ Z

4 Fabian verkauft Teile seiner Modelleisenbahn.
Bis Mittag verkauft er 2 Loks zu je 18 Euro und 7 Waggons zu je 5 Euro.
Nun hat er noch Häuser, Brücken und anderes Zubehör.
Für jedes Teil möchte er 3 Euro. Am Abend hat er insgesamt 80 Euro eingenommen.
a) F1: Wie viele Euro hat Fabian am Nachmittag verdient?

R1: _____

A1: _____ A

b) F2: Wie viele Zubehörteile hat Fabian verkauft?

R2: _____

A2: _____ G

Mein Mathebuch 3 – Arbeitsheft © 2015 Cornelsen Schulverlage GmbH, Berlin

Mein Mathebuch 3 – Arbeitsheft © 2015 Cornelsen Schulverlage GmbH, Berlin

⑤ Signalwörter erkennen, Rechenzeichen nennen.

Resul verkauft bis Mittag 8 Bücher zu je 4 Euro.
Am Abend hat er seine Einnahmen verdoppelt.
F: Wie viele Euro hat Resul eingenommen?

R: _____

A: _____ L

Signalwort 1: _____ Rechenzeichen: _____

Signalwort 2: _____ Rechenzeichen: _____ oder _____

Welche Wörter verraten dir, wie du rechnen musst?

⑥ Marie hat auf dem Flohmarkt 48 Euro dabei.
Die Hälfte des Geldes gibt sie für ein Paar Schlittschuhe aus.
F: Wie viele Euro kosten die Schlittschuhe?

R: _____

A: _____ E

Signalwort: _____ Rechenzeichen: _____

⑦ Bastian kauft 6 Modellautos zu je 7 Euro.
Damit hat er schon die Hälfte seines Geldes ausgegeben.
F: Wie viele Euro hatte Bastian dabei?

R: _____

A: _____ E

Signalwort 1: _____ Rechenzeichen: _____

Signalwort 2: _____ Rechenzeichen: _____ oder _____

Achtung! Ein Signalwort – verschiedene Rechenzeichen.

„die Hälfte" bedeutet

in **⑥** (:) teilen

in **⑦** (+) dazuzählen oder
(·) malnehmen

Erfinde eigene Rechengeschichten mit Signalwörtern.

DIE ___ ___ ___ ___ ___ ___ ___ KANN SEHR SCHNELL LAUFEN.

3   9€   13€   24€   36€   64€   84€

1 Blitzgescheit in kurzer Zeit. Setze die Zahlenreihen fort.

44, 48, 52, _____ Z, _____ A, _____ H, _____ L, _____ E, _____ N

150, 147, 144, _____ N, _____ E, _____ H, _____ I, _____ E, _____ R

_____

56 60 64 68 72 76 126 129 132 135 138 141

2 Ergänze die Ausschnitte aus den Hundertertafeln.

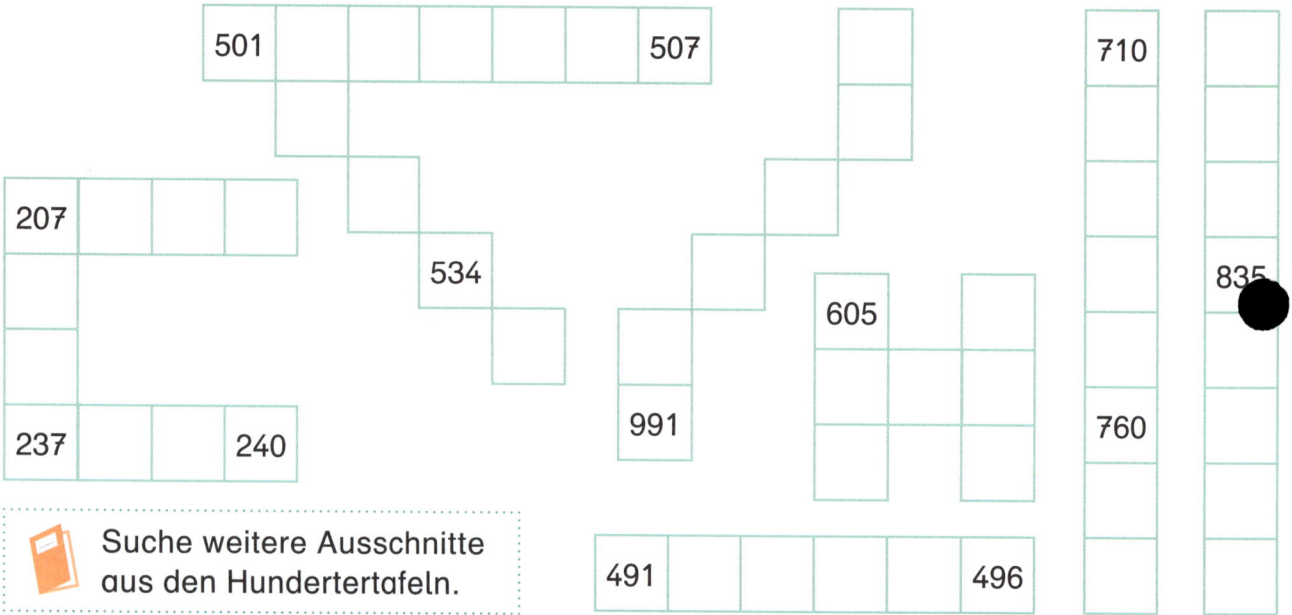

 Suche weitere Ausschnitte aus den Hundertertafeln.

501   507

207

534

605

835

237   240

991

760

710

491   496

3 Fliege über die Sechshundertertafel. Starte zunächst bei 601 und folge den Anweisungen. Schreibe auf, wie du rechnest und trage die Ergebniszahl in die Tafel ein. Fliege dann von dieser Zahl aus weiter … Bei welcher Zahl landest du zum Schluss?

Strecke	Rechnung
7 ↓ 7 → 2 ↓ 1 →	
4 ↑ 2 ←	
3 → 3 ↑ 6 ← 1 ↑	
6 ↓	
3 ← 4 ↑ 2 →	

601

700

4 ICH + DU Erfinde eine Flugstrecke. Dein Partnerkind schreibt die Strecke als Rechnung. Wechselt euch ab.

Franzi sagt: „In ein Trinkglas passen 1000 Erbsen." Kann das sein? Begründe deine Meinung schriftlich.

Mein Mathebuch 3 – Arbeitsheft © 2015 Cornelsen Schulverlage GmbH, Berlin

Die Zahlen bis 1000 in der Stellenwerttabelle

① Welche Zahl ist es? Schreibe in die Stellenwerttabelle.

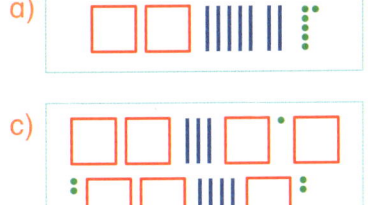 a)

 b)

	H	Z	E	
a)				H
b)				L
c)				N
d)				E

② Schreibe die Zahlen aus Aufgabe 1 in Worten.

a) _____

b) _____

c) _____

d) _____

Dein Partnerkind kontrolliert!

③ Schreibe die Zahlen. Achte auf die Reihenfolge.

4H 7Z 1E _____	6H 7E _____	7Z 2H 9E _____	9Z 7H _____
8H 3Z 9E _____	8Z 4E _____	3E 3H 4Z _____	8E 5Z _____
1H 2Z 5E _____	9H 3Z _____	5H 2E 6Z _____	7E 3H _____

④ Ergänze die Tabelle.

Zahl	Zahlbild	H	Z	E	Zahlwort
742		7	4	2	siebenhundertzweiundvierzig
S					zweihundertsiebenundvierzig
C					zweihundertsiebzig
A		5	1	0	
G					
506					
N					sechshundertfünf

_____ _____ _____ _____ _____ _____ VERSCHLINGEN IHRE BEUTE AM STÜCK.

247 270 276 502 510 605 650 697 775

Mein Mathebuch 3 – Arbeitsheft © 2015 Cornelsen Schulverlage GmbH, Berlin

1 Blitzgescheit in kurzer Zeit.

$72 - 8 =$ ___ W	$46 - 8 =$ ___ L	$84 - 8 =$ ___ H	$27 - 8 =$ ___ C	$54 - 8 =$ ___ I
$60 - 8 =$ ___ S	$37 - 8 =$ ___ S	$15 - 8 =$ ___ W	$96 - 8 =$ ___ I	$53 - 8 =$ ___ N
$82 - 8 =$ ___ C	$66 - 8 =$ ___ T	$100 - 8 =$ ___ G	$92 - 8 =$ ___ T	$71 - 8 =$ ___
$24 - 8 =$ ___ E	$42 - 8 =$ ___ E	$75 - 8 =$ ___ I	$33 - 8 =$ ___ H	$67 - 8 =$ ___

___ ___ ___ ___ ___ ___ ___ ___ ___ ___ ___ ___ ___ ___ ___ ___ ___ ___ .
7   16   19   25   29   34   38   45   46   52   58   64   67   74   76   84   88   92

2 ICH + DU + WIR ▸ Erklärt euch die Wechselregeln und ergänzt passend.

1T = ___ H   1H = ___ Z   1Z = ___ E   1H = ___ E   1T = ___ Z   1T = ___ E

3 Lege mit deinen Einer-, Zehner- und Hunderterkarten. Zähle zuerst und schreibe auf. Wechsle dann und schreibe das Ergebnis mit den passenden Farben auf.

Zahlbild	gezählt			gewechselt		
	H	Z	E	H	Z	E
	2	4	14	2	5	4

4 Ergänze die Tabelle.

Zahlbild	gezählt			gewechselt		
	H	Z	E	H	Z	E
	5	17	4	6	7	4
	3	12	11			
				8	10	10

Planvoll und systematisch die Struktur des Zehnersystems nutzen

Mein Mathebuch 3 – Arbeitsheft © 2015 Cornelsen Schulverlage GmbH, Berlin

① Ergänze die fehlenden Zahlen in den Pfeilen und trage die Buchstaben im Lösungssatz passend ein.

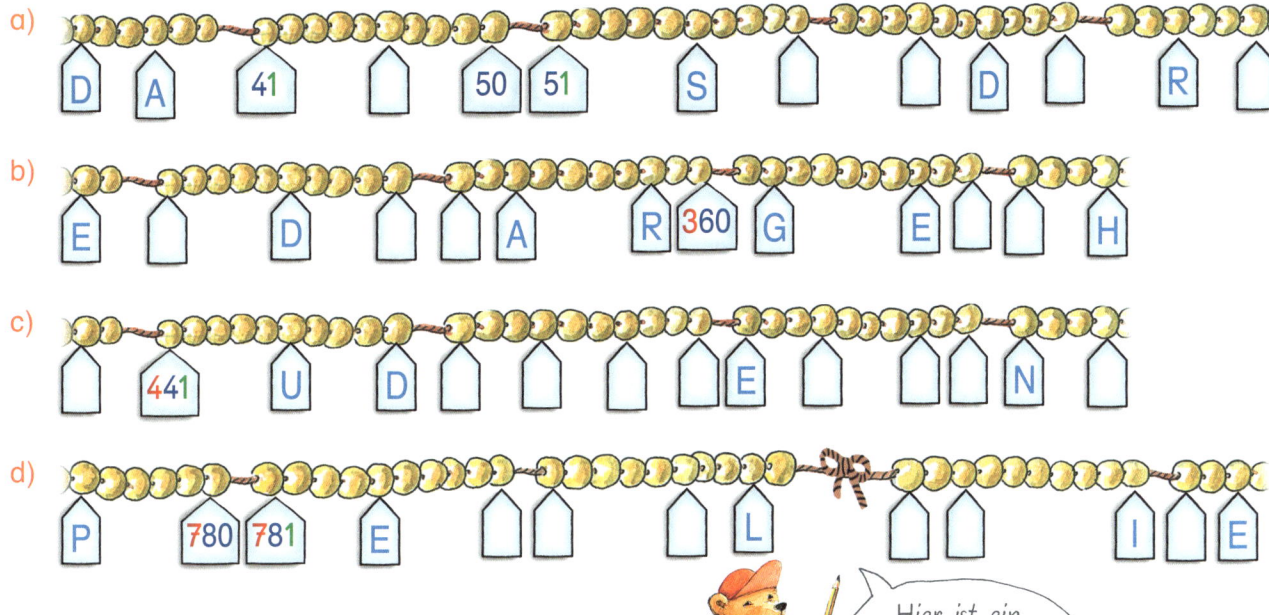

a) D A 41 ☐ 50 51 S ☐ ☐ D ☐ R ☐

b) E ☐ D ☐ A ☐ R 360 G ☐ ☐ E ☐ H

c) ☐ 441 ☐ U D ☐ ☐ ☐ E ☐ ☐ N ☐

d) P 780 781 ☐ E ☐ ☐ L ☐ ☐ ☐ I E

Hier ist ein Knoten drin. Warum?

② Wie geht es weiter?

950, 850, 750, _____, _____, _____, _____   121, 232, 343, _____, _____, _____, _____

610, 615, 620, _____, _____, _____, _____   234, 333, 432, _____, _____, _____, _____

880, 870, 860, _____, _____, _____, _____   901, 812, 723, _____, _____, _____, _____

333, 336, 339, _____, _____, _____, _____   895, 794, 693, _____, _____, _____, _____

 Erfinde eigene Zahlenfolgen.

③ Trage die Vorgänger und Nachfolger ein.

Vorgänger-H	Vorgänger-Z	Vorgänger-E	Zahl	Nachfolger-E	Nachfolger-Z	Nachfolger-H
600	640	642	643	644	650	700
M			800	T		
	Ö		399	R		
	O		110	M		
		T	416		Z	
	T		666	R	A	
	R		878	E		N

__ __ __   __ __ __ __ __ __ __   __ __ __ __ __ __   __ __ __   __ __ __
35 38 56   67 73 100 111 339 346 353 358   362 368 374 390 400 415   420 446   450 461 471

__ __ __ __ __ __ __ __ __ __ __ __ .
660 667 670 700 775 785 799 801 810 813 870 879 900

Große Zahlen ordnen und vergleichen

1 Blitzgescheit in kurzer Zeit.

69 + 8 = ____ J	91 − 4 = ____ G	15 + 7 = ____ I	28 + 3 = ____ Z
75 − 7 = ____ N	28 − 9 = ____ P	18 + 7 = ____ L	36 − 7 = ____ E
85 − 6 = ____ A	83 + 8 = ____ D	39 + 3 = ____ H	47 + 5 = ____ E
16 + 7 = ____ E	52 − 5 = ____ L	41 − 5 = ____ A	21 − 7 = ____ S

__ __ __ __ __ __   __ __ __ __ __ __ __ __ __ __ !

14   19   22   23   25   29   31   36   42   47   52   68   77   79   87   91

2 Setze ein: ⊙ (5), ⊙ (5) oder ⊙ (2).

121 ◯ 112	343 ◯ 342	815 ◯ 815
230 ◯ 320	780 ◯ 708	639 ◯ 739
695 ◯ 695	567 ◯ 576	430 ◯ 420
445 ◯ 454	997 ◯ 998	578 ◯ 576

3 Finde jeweils eine passende Zahl.

204 < _____	810 > _____
83 < _____	367 > _____
472 < _____	403 > _____
698 < _____	912 > _____

4 a) Unterstreiche bei den Zahlwörtern: E (grün), Z (blau), H (rot).

dreihundertsiebenundzwanzig _____ neunundsechzig _____

zweihundertsieben _____ siebenhundertdreizehn _____

neunhundertachtundneunzig _____ fünfhundertsieben _____

vierhundertachtzig _____ sechshundertneunundachtzig _____

b) Schreibe zu den Zahlwörtern aus a) die Zahlen und ordne sie der Größe nach.

_____ < _____ < _____ < _____ < _____ < _____ < _____ < _____

5 Lege mit deinen Ziffernkarten dreistellige Zahlen.
Bei jeder gesuchten Zahl darfst du jede Ziffer
nur einmal verwenden.

0	1	2	3	4
5	6	7	8	⬤

a) die kleinste dreistellige Zahl _____

b) die größte dreistellige Zahl _____

c) die größte dreistellige Zahl mit 5 an der H-Stelle _____

d) die kleinste dreistellige Zahl mit 5 an der H-Stelle _____

e) die größte dreistellige Zahl mit 9 an der E-Stelle _____

f) die kleinste dreistellige Zahl mit 9 an der E-Stelle _____

g) die Zahl, die möglichst nah an 800 liegt und zugleich größer als 800 ist _____

h) die Zahl, die möglichst nah an 800 liegt und zugleich kleiner als 800 ist _____

i) eine dreistellige Zahl, die möglichst nah an 400 liegt, mit 3 an der H-Stelle _____

 Suche dir 3
Ziffernkarten aus
und bilde daraus 6
verschiedene
Zahlen. Ordne sie
der Größe nach.

6 **ICH + DU** Erfinde ähnliche Zahlenrätsel wie in Aufgabe 5.
Dein Partnerkind nennt die gesuchte Zahl. Wechselt euch ab.

Mein Mathebuch 3 – Arbeitsheft © 2015 Cornelsen Schulverlage GmbH, Berlin

1 a) Antonia kauft auf dem Flohmarkt 3 CDs zu je 4 € und
5 Comichefte zu je 3 €.
F: Wie viele Euro muss Antonia insgesamt bezahlen?

R: _____

A: _____

b) Andi hat von seiner Oma 50 Euro zum Geburtstag bekommen.
Er kauft sich für die Hälfte des Geldes ein Computerspiel.
F: Wie viele Euro hat Andi noch?

R: _____

A: _____

Wie konntest du
die Aufgaben
lösen?
Male passend
dazu:

☺ 😐 ☹

2 Ergänze die Ausschnitte aus den Hundertertafeln.

902		

	756		

641

3 a) Ergänze die Tabelle.

Zahl	Zahlbild	gezählt H	Z	E	gewechselt H	Z	E
598		5	8	18			
		3	16	19			
		6	8	12			

b) Ordne die Zahlen der Größe nach. Beginne mit der kleinsten Zahl.

_____

4 Trage die Zahlen, die Vorgänger und die Nachfolger ein.

Vorgänger-H	Vorgänger-Z	Vorgänger-E	Zahl	Nachfolger-E	Nachfolger-Z	Nachfolger-H
			343			
				700		
		539				
			999			

Rechnen mit E und Z

1

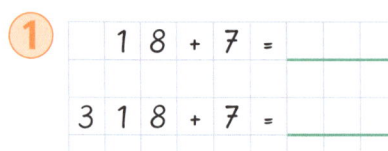

1	8	+	7	=			

3	1	8	+	7	=			

ICH + DU + WIR Rechnet die Aufgaben.
Untersucht H, Z und E. Was fällt euch auf?

_____

_____

2 Rechne die kleine und die große ⊕ Aufgabe.

21 + 4 = _____   47 + 5 = _____   89 + 8 = _____   56 + 7 = _____

521 + 4 = _____   647 + 5 = _____   889 + 8 = _____   756 + 7 = _____

3 53 + 20 = _____   38 + 40 = _____   25 + 54 = _____   66 + 19 = _____

553 + 30 = _____   638 + 20 = _____   725 + 44 = _____   466 + 29 = _____

4 Finde die kleine Aufgabe und rechne beide.

169 + 3 = _____   623 + 38 = _____   447 + 22 = _____   145 + 47 = _____

_____   _____   _____   _____

258 + 5 = _____   436 + 45 = _____   318 + 67 = _____

_____   _____   _____

342 + 9 = _____   574 + 18 = _____   879 + 14 = _____

Erfinde weitere
⊕ Aufgaben.
Rechne auch
die kleine
Aufgabe.

5 Rechne die kleine und die große ⊖ Aufgabe.

97 − 3 = _____   69 − 8 = _____   36 − 8 = _____   53 − 5 = _____

597 − 3 = _____   669 − 8 = _____   736 − 8 = _____   253 − 5 = _____

6 82 − 40 = _____   55 − 40 = _____   48 − 16 = _____   74 − 23 = _____

782 − 50 = _____   255 − 50 = _____   648 − 36 = _____   874 − 53 = _____

7 Finde die kleine Aufgabe und rechne beide.

745 − 6 = _____   491 − 78 = _____   959 − 18 = _____   163 − 54 = _____

_____   _____   _____   _____

832 − 5 = _____   241 − 33 = _____   856 − 37 = _____

_____   _____   _____

370 − 3 = _____   580 − 61 = _____   644 − 26 = _____

_____   _____   _____

Erfinde weitere
⊖ Aufgaben.
Rechne auch
die kleine
Aufgabe.

Mein Mathebuch 3 – Arbeitsheft © 2015 Cornelsen Schulverlage GmbH, Berlin

1

2 4 4 + 3 4 3 = _____

ICH + DU + WIR ▸ Wie rechnest du? Wie rechnen andere?
Erklärt euch eure Tricks.
Welche Rechenwege sind geschickt? Begründet.

2

244 + 300 = _____	356 + 100 = _____	523 + 200 = _____	432 + 300 = _____
244 + 340 = _____	356 + 130 = _____	523 + 340 = _____	432 + 450 = _____
244 + 343 = _____ A	356 + 233 = _____ S	523 + 344 = _____ H	432 + 557 = _____ R

3

270 + _____ = 300	182 + _____ = 400	509 + _____ = 700	333 + _____ = 600
475 + _____ = 500	748 + _____ = 900	261 + _____ = 800	877 + _____ = 1000

25, 30, 123, 152, 191, 218, 267, 539

4

73 + 8 = _____ D	127 + 5 = _____ A	248 + 6 = _____ T	464 + 9 = _____ E
73 + 88 = _____ S	127 + 95 = _____ S	248 + 76 = _____ P	464 + 39 = _____ N
73 + 888 = _____ E	127 + 595 = _____ U	248 + 676 = _____ U	464 + 239 = _____ I

5

628 − 100 = _____	745 − 300 = _____	856 − 400 = _____	974 − 200 = _____
628 − 110 = _____	745 − 320 = _____	856 − 440 = _____	974 − 250 = _____
628 − 113 = _____ E	745 − 423 = _____ P	856 − 344 = _____ Z	974 − 453 = _____ B

6

300 − _____ = 270	400 − _____ = 292	200 − _____ = 163	500 − _____ = 221
800 − _____ = 751	300 − _____ = 54	900 − _____ = 518	1000 − _____ = 122

30, 37, 49, 108, 246, 279, 382, 878

7

953 − 8 = _____ F	842 − 4 = _____ A	833 − 7 = _____ A	724 − 9 = _____ N
953 − 88 = _____ R	842 − 54 = _____ P	833 − 77 = _____ N	724 − 69 = _____ T
953 − 388 = _____ R	842 − 254 = _____ I	833 − 177 = _____ E	724 − 469 = _____ E

8 Kindersportfest in Mathehausen!

a)
Es sind 347 Sportler und 478 Zuschauer.
F: Wie viele Personen sind das?

R: _____

A: _____

b)
Nach der Siegerehrung gehen 586 Personen.
F: Wie viele Personen sind noch dort?

R: _____

A: _____

_____ _____ _____   _____ _____ _____ _____ _____ _____ _____ _____ _____ _____   _____ _____ _____
81 132 161   222 254 255 322 324 473 503 512 515 521 565 587   588 589 655

_____ _____ _____   _____ _____ _____ _____ _____ _____ _____ _____ _____ _____ .
656 703 715   722 756 788 826 838 865 867 924 945 961 989

Mein Mathebuch 3 – Arbeitsheft © 2015 Cornelsen Schulverlage GmbH, Berlin

1 Blitzgescheit in kurzer Zeit.

36 : 4 = _____ E	9 · 9 = _____ N	6 · 7 = _____ H	6 · 8 = _____ E	6 · 6 = _____ E
1 · 7 = _____ N	24 : 6 = _____ L	21 : 7 = _____ E	7 · 8 = _____ L	64 : 8 = _____ W
8 · 9 = _____ E	1 · 1 = _____ S	9 · 7 = _____ F	100 : 10 = _____ R	9 · 6 = _____
35 : 7 = _____ L	18 : 9 = _____ T	8 · 3 = _____ T	12 : 2 = _____ E	7 · 4 = _____

_____ .

1 2 3 4 5 6 7 8 9 10 24 36   42 48 56 63 72 81

2 Multipliziere. Was fällt dir auf? Besprich dich mit deinem Partnerkind.

·	3	5	4	1	6	8	2	7	9	10
10										
100										

3 Immer drei Zahlen (· 1, · 10, · 100) gehören zusammen. Färbe sie in der gleichen Farbe.

8	40	700	200	80	100	4	7

20	800	1000	400	70	2	10

4 Immer zwei Zahlen gehören zusammen. Male sie mit der gleichen Farbe an.
Das Ergebnis ist immer 240.

120	12 ·	40	20	6 ·	30

3 ·	2 ·	8 ·	60	4 ·	80

Finde viele
⊙ Aufgaben.
Ergebnis immer
· 180   · 360

5

·	40	70	20	80	60
6					
3					
8					

·	4	7	5	8	6
90					
50					
70					

6 Rechne immer drei Multiplikationsaufgaben. Was fällt dir auf?

3 · 4 = _____	6 · 8 = _____	7 · 6 = _____	4 · 7 = _____
30 · 4 = _____	60 · 8 = _____	_____	_____
4 · 30 = _____	8 · 60 = _____	_____	_____

Rechne
so noch
weitere
⊙ Aufgaben.

7 Die Reisegruppe fährt mit drei Bussen nach Italien. In jedem Bus gibt es 60 Sitzplätze.
F: Wie viele Personen können mit nach Italien fahren?

R: _____

A: _____

Mein Mathebuch 3 – Arbeitsheft © 2015 Cornelsen Schulverlage GmbH, Berlin

①

5	6	0	:	8	0	=	

5	6	0	:		8	=	

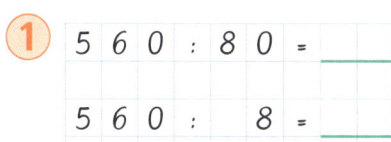 **ICH + DU + WIR** Rechnet die Aufgaben. Was fällt euch auf? Erklärt.

_____

_____

② 100 : 10 = ____   40 : 10 = ____   1000 : 10 = ____   ____ : 10 = 35   ____ : 10 = 82

560 : 10 = ____   960 : 10 = ____   740 : 10 = ____   ____ : 10 = 60   ____ : 10 = 49

③ Rechne immer drei Divisionsaufgaben. Was fällt dir auf?

48 : 6 = ____   56 : 8 = ____   63 : 7 = ____   25 : 5 = ____

480 : 6 = ____   560 : 8 = ____   _____   _____

480 : 60 = ____   560 : 80 = ____   _____   _____

 Rechne so noch weitere ⊙ Aufgaben.

④ Dividiere. Male passend an.

🟥 6	🟨 7	🟩 8	🟦 9

360 : 60	720 : 80	490 : 70	480 : 60	270 : 30
210 : 30	320 : 40	280 : 40	640 : 80	420 : 60
180 : 30	630 : 90	360 : 40	240 : 30	810 : 90

Denke an die kleine ⊙ Aufgabe.

⑤ 140 : 70 = ____ E   560 : 70 = ____ R   240 : 80 = ____ R   180 : 20 = ____ K   210 : 30 = ____ E

320 : 80 = ____ T   900 : 90 = ____ A   420 : 70 = ____ G   450 : 90 = ____ I   60 : 60 = ____ D

⑥ 120 : ____ N = 4   350 : ____ R = 5   630 : ____ U = 7   80 : ____ S = 2   200 : ____ = 10

160 : ____ G = 2   400 : ____ E = 8   240 : ____ H = 4   140 : ____ N = 7   500 : ____ = 50

⑦ ____ E : 3 = 90   ____ S : 6 = 30   ____ T : 40 = 4   ____ : 90 = 6   ____ : 80 = 6

____ E : 9 = 80   ____ N : 9 = 90   ____ H : 40 = 10   ____ : 60 = 6   ____ : 50 = 6

⑧ Bäcker Rosino backt 180 Brezen am Tag. Auf ein Blech passen 20 Brezen.
F: Wie viele Bleche muss er backen?

R: _____

A: _____

1	2	3		4	5	6	7	8		9	10	20	30

| 40 | 50 | 60 | 70 | | 80 | 90 | 160 | | 180 | 270 | 400 | 720 | 810 |

Schreibe zu jeder Zahl mindestens vier Divisionsaufgaben.
• 120   • 240   • 400

Kommaschreibweise bei Geld

① Blitzgescheit in kurzer Zeit.

14 + 8 = _____ R   98 − 14 = _____ E   72 − 13 = _____ D   27 : 9 = _____ D   33 − 15 = _____ A

41 − 9 = _____ N   7 · 8 = _____ N   6 · 7 = _____ E   25 + 19 = _____ U   49 : 7 = _____ K

64 : 8 = _____ O   24 + 17 = _____ T   72 : 8 = _____ M   4 · 7 = _____ N   48 : 8 = _____ S

72 − 27 = _____ R   54 + 45 = _____ T   86 − 38 = _____ O   3 · 8 = _____ E   9 · 6 = _____ U

7 · 9 = _____ C   32 : 8 = _____ A   7 · 3 = _____ T   100 : 10 = _____ M   37 + 58 = _____ N

_____ _____ _____   _____ _____ _____ _____ _____   _____ _____ _____ _____ _____ _____
  3   4   6   7   8   9   10   18   21   22   24   28   32   41

_____ _____ _____ _____   _____ _____ _____   _____ _____ _____ _____ .
 42   44   45   48   54   56   59   63   84   95   99

② Schreibe die Geldbeträge mit Komma.

400 ct = _____ €   700 ct = _____ €   900 ct = _____ €

40 ct = _____ €   70 ct = _____ €   90 ct = _____ €

4 ct = _____ €   7 ct = _____ €   9 ct = _____ €

18 € 34 ct = _____ €   0 € 91 ct = _____ €

62 € 50 ct = _____ €   20 € 7 ct = _____ €

Vor dem Komma	Nach dem Komma
Euro € ,	**Cent ct**

③ Wandle um.

€ und ct	4 € 44 ct			6 € 6 ct			1 € 50 ct	
€		2,53 €			0,79 €			5,10 €
ct			23 ct			90 ct		

④ Berechne die fehlenden Angaben.

Es kostet	8,99 €	3,14 €		98 ct	14,07 €			14,37 €
Gegeben	10,00 €	20,00 €	5,00 €	10,00 €	50,00 €	20,00 €	15,00 €	20,00 €
Rückgeld			1,08 €			1,98 €	4,07 €	

⑤ Sara kauft im Schreibwarenladen ein Heft, einen Radiergummi und einen Füller. Sie bezahlt mit einem 20-€-Schein.

1 €

12 €   89 ct

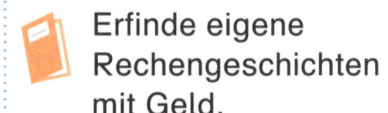

a) F: Wie viele Euro muss Sara insgesamt bezahlen?

R: _____

A: _____

b) F: Wie viele Euro bekommt Sara zurück?

R: _____

A: _____

Erfinde eigene Rechengeschichten mit Geld.

Mein Mathebuch 3 – Arbeitsheft © 2015 Cornelsen Schulverlage GmbH, Berlin

Runden und überschlagen

① Runde auf volle Zehner.

122 ≈ _____ A   846 ≈ _____ S   654 ≈ _____ O   735 ≈ _____ U   277 ≈ _____ H

448 ≈ _____ S   441 ≈ _____ R   913 ≈ _____ B   362 ≈ _____ N   991 ≈ _____ E

② Runde auf volle Hunderter.

286 ≈ _____ Ö   97 ≈ _____ N   162 ≈ _____ S   522 ≈ _____ N   958 ≈ _____ N

428 ≈ _____ E   744 ≈ _____ A   865 ≈ _____ R   777 ≈ _____ S   631 ≈ _____ V

③ Runde auf volle Euro.

43,78 € ≈ _____ €   9,50 € ≈ _____ €   674,09 € ≈ _____ €   209,83 € ≈ _____ €

87,25 € ≈ _____ €   11,11 € ≈ _____ €   332,42 € ≈ _____ €   520,66 € ≈ _____ €

④ Überschlage zuerst. Rechne dann auf deinem Weg.

633 + 228 = _____ T   364 + 309 = _____ M   765 + 104 = _____ E

Ü: _____   Ü: _____   Ü: _____

739 − 156 = _____ D   586 − 111 = _____ I   932 − 578 = _____ R

Ü: _____   Ü: _____   Ü: _____

⑤ Wie viel muss Familie Koch bezahlen? Reichen 30 €? Begründe. Überschlage zuerst.

Ü: _____

_____

R: _____

A: _____

Essen		Getränke	
Schweinebraten	8,50 €	Eistee	2,80 €
Zigeunerbraten	10,20 €	Apfelsaft	2,70 €
Gemüseplatte	5,50 €	Limonade	2,00 €
Spaghetti	4,80 €	Mineralwasser	1,80 €

Ich hatte die Gemüseplatte und ein Wasser.

Ich hatte Zigeunerbraten und einen Eistee.

Ich hatte Spaghetti und einen Apfelsaft.

Die Familie möchte nicht mehr als 25 € ausgeben. Finde eine Lösung.

100 120 200 280 300 354 360 400 440   450 475 500 583   600 650 673

_____ _____ _____ _____ _____ _____ _____ _____ BEDROHT.

700 740 800 850 861 869 900 910 990 1000

Mein Mathebuch 3 – Arbeitsheft © 2015 Cornelsen Schulverlage GmbH, Berlin

Reise ins Land des Sachrechnens

Frage und Antwort

1 Blitzgescheit in kurzer Zeit.

4 · 6 = _____ A	2 · 9 = _____ F	3 · 3 = _____ U	9 · 3 = _____ G	7 · 8 = _____ N
7 · 5 = _____ R	9 · 5 = _____ I	2 · 6 = _____ S	8 · 5 = _____ D	3 · 7 = _____ R
4 · 7 = _____ E	2 · 7 = _____ D	9 · 4 = _____ D	8 · 8 = _____ W	3 · 5 = _____ E
4 · 8 = _____ I	5 · 6 = _____ W	7 · 7 = _____ E	6 · 9 = _____ A	10 · 10 = _____ T
9 · 8 = _____ O	4 · 4 = _____ R	9 · 9 = _____ R	2 · 4 = _____ A	9 · 7 = _____ T

_____ _____ _____   _____ _____ _____   _____ _____ _____ _____ _____   _____ _____ _____ _____
 8   9   12   14   15   16   18   21   24   27   28   30   32   35   36

_____ _____ _____   _____ _____ _____ _____ _____ _____ .
 40   45   49   54   56   63   64   72   81   100

2 Bäuerin Resi verkauft auf dem Markt Eier. Am Anfang hat sie 192 Stück. Am Ende hat sie noch 38 Eier übrig.

	Ich muss nur lesen: eine **Lesefrage**, keine Rechenfrage.	Ich muss rechnen: eine **Rechenfrage**.	Diese Frage kann ich **nicht beantworten**.
Wie viele Eier hat sie verkauft?			
Wie viele Eier hat sie am Ende?			
Wie viele Euro hat sie eingenommen?			

a) Welche Frage ist eine Rechenfrage? Unterstreiche wichtige Wörter und kreuze an.
b) Rechne und beantworte die Rechenfrage.

R: _____ N

A: _____

3 Bauer Dotter bringt 141 Hühner auf den Markt. Er verkauft 73.

	Lesefrage:	Rechenfrage:	nicht zu beantworten
	X		
			X
		X	

a) Unterstreiche wichtige Wörter und schreibe passende Fragen zur Tabelle.
b) Rechne und beantworte die Rechenfrage.

R: _____ O

A: _____

Sachsituationen: Mathematische Fragestellungen formulieren

Mein Mathebuch 3 – Arbeitsheft © 2015 Cornelsen Schulverlage GmbH, Berlin

4 Bauer Hoppel hat Kaninchen und Tauben. Insgesamt haben die Tiere 66 Beine.
Die Tauben haben zusammen 26 Beine.
F: Wie viele Kaninchen und wie viele Tauben hat Bauer Hoppel?

	Diese Antwort ist nicht vollständig.	Das ist die Antwort auf meine Frage.	Diese Antwort passt nicht.
Bauer Hoppel hat 26 Tauben.			
Bauer Hoppel hat 13 Tauben.			
Bauer Hoppel hat 13 Tauben und 18 Kaninchen.			
Bauer Hoppel hat 13 Tauben und 10 Kaninchen.			

a) Unterstreiche wichtige Wörter und Zahlen. Kreuze an.
b) Rechne und antworte.

R: _____

A: Bauer Hoppel hat _____ ı Kaninchen und _____ s Tauben.

5

	Diese Antwort ist nicht vollständig.	Das ist die Antwort auf meine Frage.	Diese Antwort passt nicht.
Am Montag verkauft Bauer Muh 57 Rinder.	X		
Am Dienstag verkauft Bauer Muh 85 Rinder.	X		
Bauer Muh verkauft an beiden Tagen 142 Rinder.		X	
Bauer Muh verkauft an beiden Tagen 142 Hühner.			X

a) Unterstreiche in der richtigen Antwort wichtige Wörter und Zahlen.
b) Schreibe zur richtigen Antwort eine Rechengeschichte mit einer passenden Frage.

_____

_____

F: _____

Erfinde eine eigene Rechengeschichte. Schreibe eine passende Frage und die Antwort.

DER B __ __ __ __ IST EIN HERDENTIER.
      10 13 68 154

Wie konntest du die Aufgaben lösen?
Male passend dazu:

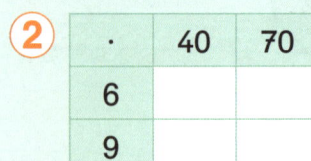

① 278 + 7 = _____   754 + 39 = _____   536 + 185 = _____

463 − 6 = _____   385 − 28 = _____   612 − 374 = _____ ◯

②

·	40	70
6		
9		

·	7	9
80		
50		

:	6	9
360		
180		

:	40	80
400		
320		

◯

③ Wandle um.

€ und ct		3 € 32 ct		7 € 7 ct	
€	9,75 €		5,50 €		0,84 €
ct	219 ct	66 ct		3 ct	

◯

④ Runde auf volle Zehner und auf volle Hunderter.

Zahl	78	395	216	443	992	154	839	621	583	748	917
≈ auf Z											
≈ auf H											

●

◯

⑤ Überschlage zuerst. Rechne dann auf deinem Weg.

Ü: _____   Ü: _____   Ü: _____   Ü: _____

247 + 114 = _____   476 + 210 = _____   973 − 85 = _____   816 − 347 = _____

_____   _____   _____   _____

◯

⑥ Frau Hamidi kauft für ihren Computer eine neue Grafikkarte für 265 €, eine Tastatur für 29 € und einen Bildschirm für 349 €. Sie hat vier 200-€-Scheine dabei.

a) F: Reicht das Geld? Begründe. Überschlage zuerst. Überprüfe dann durch genaues Rechnen.

Ü: _____

●

R: _____

A: _____

b) F: Wie viele Euro bekommt sie zurück?

R: _____

A: _____

◯

⑦ Auf dem Volksfest kauft Samuel für sich und seine beiden Schwestern 3 Bratwürste für je 4 €, ein Mineralwasser für 2 € und zwei Apfelschorle für je 3 €.

a) Unterstreiche wichtige Zahlen und Wörter.

b) Finde eine passende Rechenfrage und beantworte sie.

F: _____

R: _____

A: _____

◯

Mein Mathebuch 3 – Arbeitsheft © 2015 Cornelsen Schulverlage GmbH, Berlin

Welches Menü gefällt dir am besten?

1 `ICH + DU + WIR` Steffi, Leila, Emil und Andi wählen im Kinderlokal „Frutti" ihr Menü aus. Jeder möchte eine Vorspeise (V), ein Hauptgericht (H) und einen Nachtisch (N). Welche Möglichkeiten haben die Kinder, die Speisen zu kombinieren? Schreibt die Möglichkeiten auf. Wie geht ihr vor?

Speisekarte

Vorspeise	Hauptgericht	Nachtisch
Suppe (**V1**)	Belegte Semmel (**H1**)	Fruchtspieß (**N1**)
Salat (**V2**)	Lasagne (**H2**)	Obstquark (**N2**)
	Gemüsepfanne (**H3**)	

2 Emil erstellt ein Baumdiagramm. Zeichne es fertig.

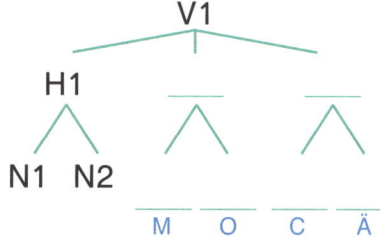

Als Vorspeise die Suppe, als Hauptgericht eine belegte Semmel und als Nachtisch ein Fruchtspieß.

Welche Kombinationsmöglichkeiten gibt es, wenn zum Nachtisch noch ein Eisbecher (N3) zur Auswahl steht?

```
              V1                          V2
      H1
     N1 N2    M  O  C  Ä       S  N  H  E  A  L
```

FANGEN IHRE BEUTE MIT DER ZUNGE.

V1H3N1 V2H2N1 V2H3N1 V1H2N1 V1H3N2 V2H3N2 V2H2N2 V1H2N2 V2H1N2 V2H1N1

1

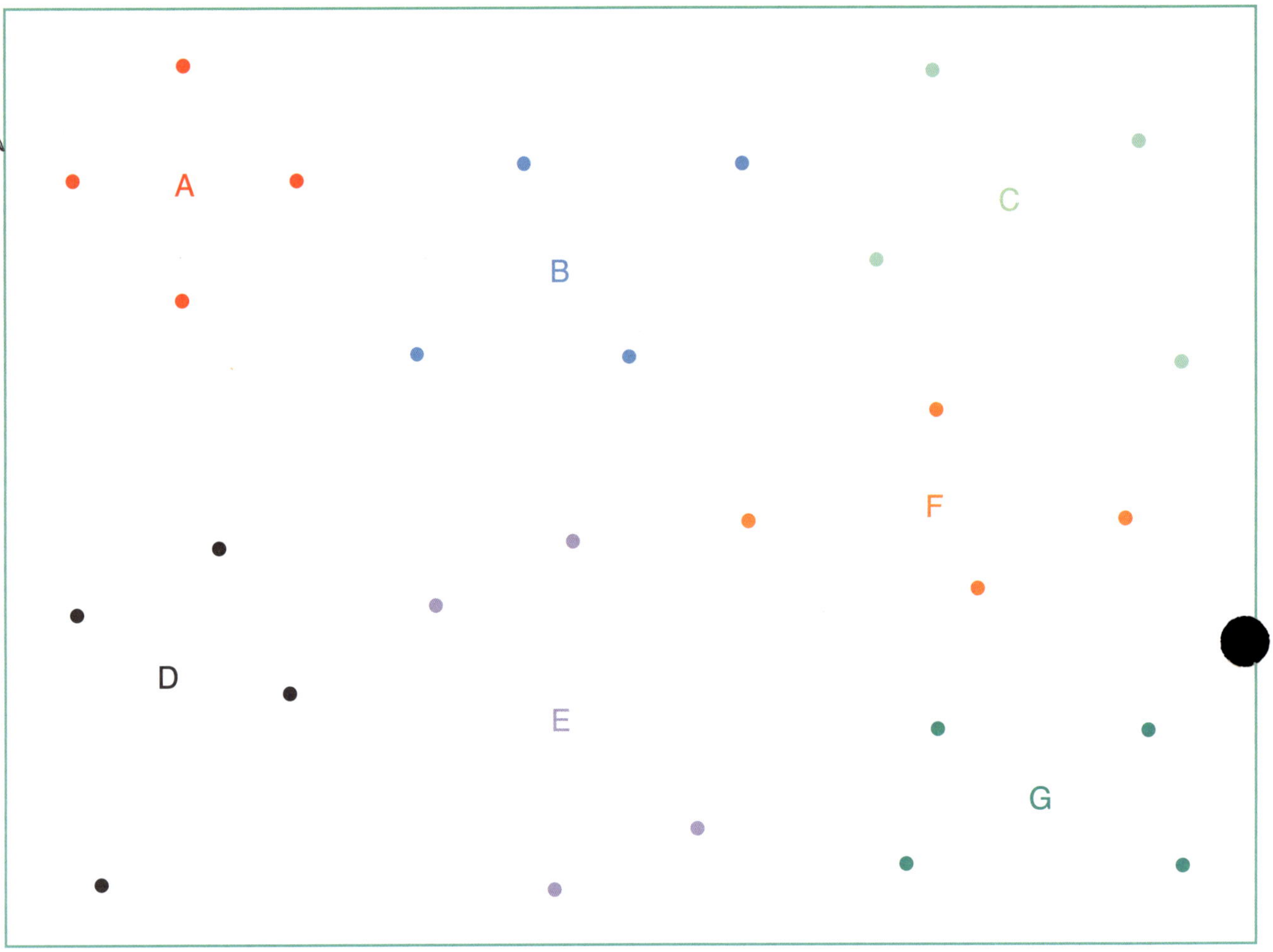

(Grid with colored points labeled A, B, C, D, E, F, G)

a) Verbinde jeweils die gleichfarbigen Punkte mit deinem Geodreieck so, dass die Vierecke A, B, C, D, E, F und G entstehen.

b) Welche Vierecke sind …

   … Rechtecke? A, _____   … Quadrate? _____   Begründe.

c) Welche Vierecke haben rechte Winkel? Überprüfe mit deinem Geodreieck. Kennzeichne die rechten Winkel so: ⌐

2 A

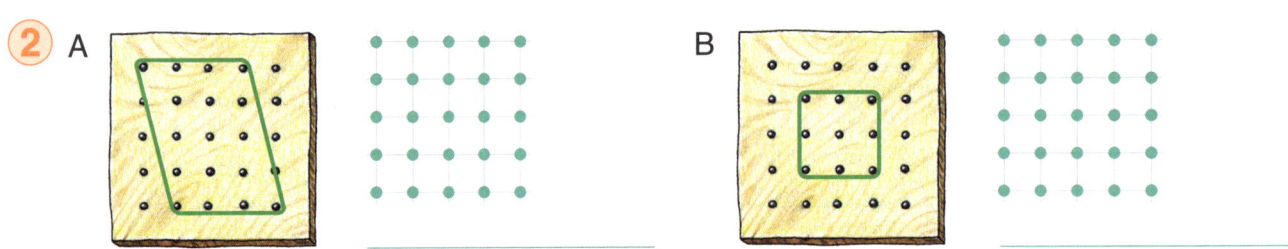

a) Spanne die Vierecke auf dem Geobrett nach.

b) Verändere die Vierecke nach Vorschrift.
   A: Die linke untere Ecke soll 1 nach links, die rechte obere Ecke soll 1 nach rechts.
   B: Die linke obere Ecke soll 1 nach oben, die rechte obere Ecke soll 1 nach oben.
   Zeichne die veränderten Flächenformen ab. Welche Flächenform entsteht jeweils? Zeichne rechte Winkel ein.

3 ICH + DU ▶ Spanne ein Viereck auf dem Geobrett. Dein Partnerkind verändert nach deiner Vorschrift und nennt die entstandene Flächenform.

Mein Mathebuch 3 – Arbeitsheft © 2015 Cornelsen Schulverlage GmbH, Berlin

Das Haus vom Nikolaus

1 Flächenformen im Haus vom Nikolaus

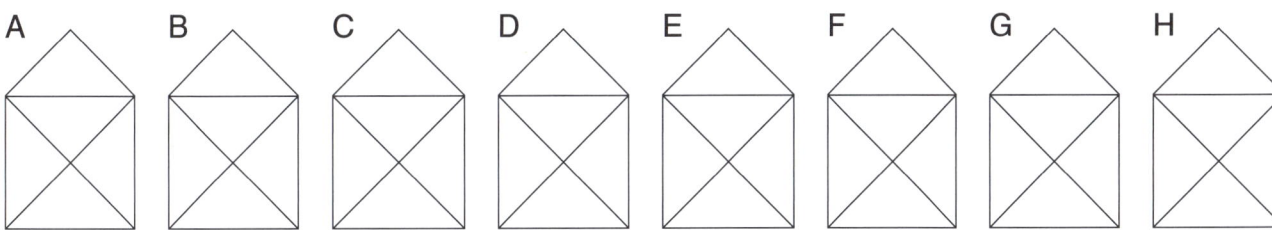

A   B   C   D   E   F   G   H

a) Male in Haus A und B die zwei Quadrate grün an.

b) Male in Haus C und D die zwei Vierecke, die keine Rechtecke sind, blau an.

c) Male in Haus E, F und G Dreiecke gelb an. Die Dreiecke dürfen sich nicht überschneiden.
   Nun kannst du die neun Dreiecke gut zählen.

d) Findest du auch Fünfecke? Male eines im Haus H rot an.

2

a) Bibu hat angefangen ein eigenes Haus zu zeichnen.
   Zeichne es fertig, indem du im Haus alle Ecken miteinander verbindest. Welche Figur entsteht?
   Ein _____ mit _____ Zacken.

b) Welche Form ist in der Mitte des Sterns entstanden?
   Ein _____-Eck.

c) Wie viele Dreiecke findest du außerhalb des Sterns? _____
   Zeichne sie in den Häusern unten ein.

d) Wie viele Dreiecke sind innen im Stern? _____
   Zeichne sie in den Häusern unten ein.

e) Insgesamt sind mehr als 30 Dreiecke im Haus versteckt.
   Wie viele findest du? _____ Vergleiche mit deinem Partnerkind.

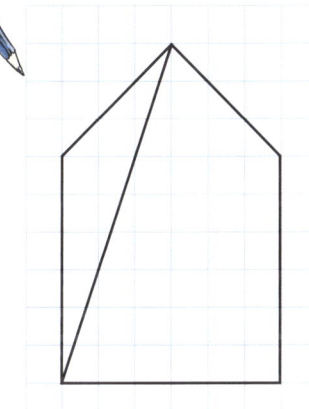

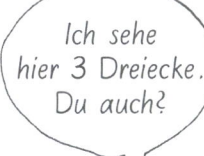

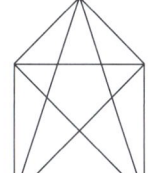 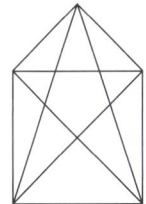 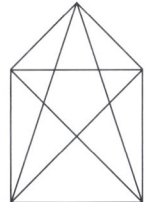 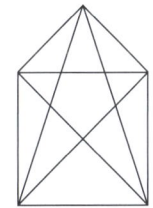 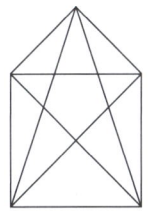

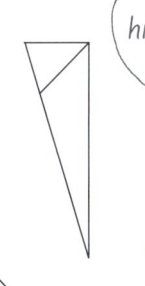

Ich sehe hier 3 Dreiecke. Du auch?

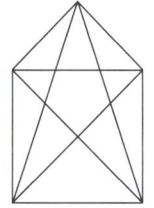 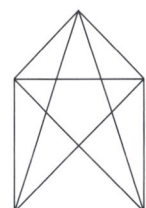 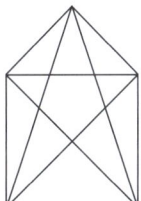 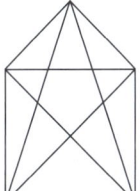 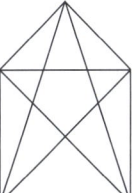 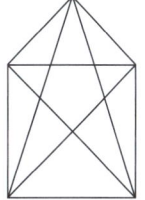

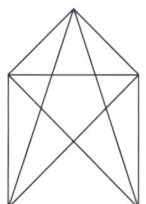 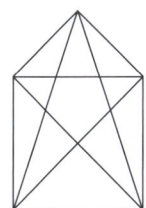 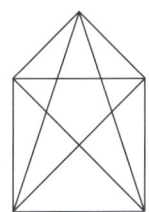 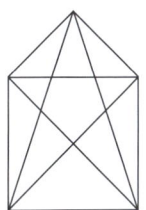 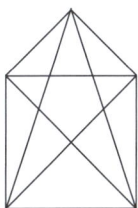 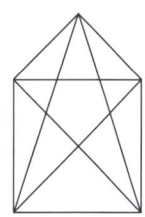

Kannst du Bibus Haus in einem Zug zeichnen?

Mein Mathebuch 3 – Arbeitsheft © 2015 Cornelsen Schulverlage GmbH, Berlin

1 Setze die Muster zu Bandornamenten fort. Welche Gesetzmäßigkeiten entdeckst du? Tausche dich mit deinem Partnerkind aus.

a)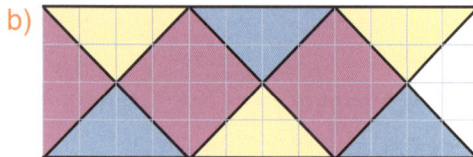

b)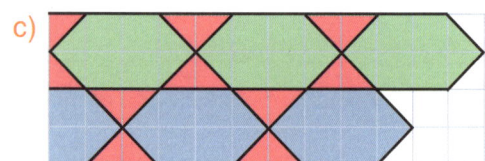

c)

 Verändere das Muster aus Aufgabe 1a) so, dass ein achsensymmetrisches Bandornament entsteht.

2 Bilde aus roten und grünen Dreiecken …

a) … ein achsensymmetrisches Muster.   b) … ein nicht achsensymmetrisches Muster.

Setze beide Muster zu einem Bandornament fort.

3 Bilde aus den Flächenformen …

a) … ein achsensymmetrisches Muster.   b) … ein nicht achsensymmetrisches Muste

Setze beide Muster zu einem Bandornament fort.

4 Erfinde ein eigenes Bandornament.

Mein Mathebuch 3 – Arbeitsheft © 2015 Cornelsen Schulverlage GmbH, Berlin

Muster in der Fläche

1 a) `ICH + DU + WIR` ➤ Aus welchen Flächenformen setzt sich dieses Muster zusammen? Beschreibt, wie es entsteht und ergänzt die Sätze.

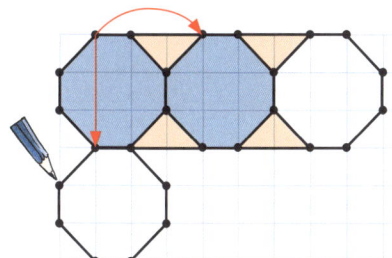

Verschiebe die Grundfigur von einem Eckpunkt aus ____ Kästchen nach rechts.

Verschiebe die Grundfigur von einem Eckpunkt aus ____ Kästchen nach unten.

b) Setze das Muster nach rechts hin zu einem Bandornament fort.
c) Setze das Muster nach unten hin zu einem Parkett fort.

● Betrachte das Bandornament von Seite 36, Aufgabe 1b).
a) Aus welchen Flächenformen setzt sich das Muster zusammen?

b) Zeichne das Muster ab und setze es zu einem Parkett fort.

●

3 Suche dir Flächenformen aus und erfinde Muster. Setze sie zu einem Parkett fort.

Mein Mathebuch 3 – Arbeitsheft © 2015 Cornelsen Schulverlage GmbH, Berlin

1 Aus welchen Netzen (3) kannst du einen Würfel falten? Kreuze an.

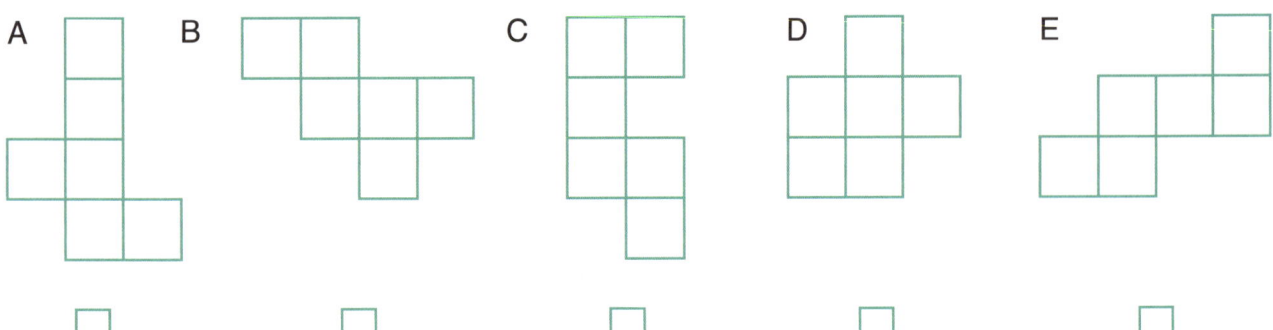

2 Aus diesen Netzen sollen Würfelnetze werden. Ergänze jeweils das fehlende Quadrat an der passenden Stelle. Gibt es mehrere Möglichkeiten? Besprich dich mit deinem Partnerkind.

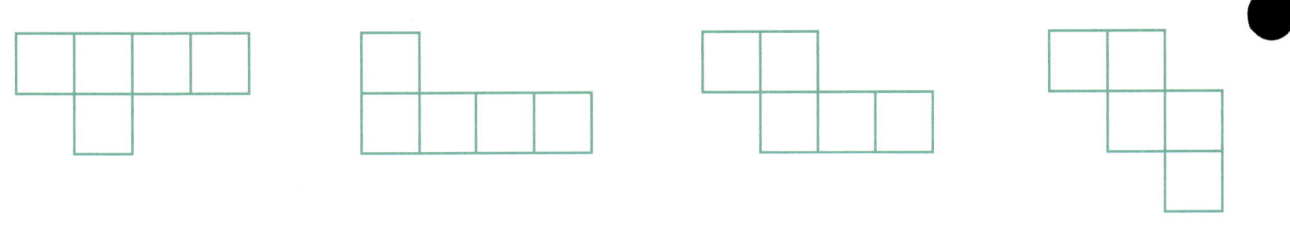

3 Untersuche die Würfelnetze.
a) Welche Fläche liegt beim gefalteten Würfel der grünen Fläche gegenüber? Färbe sie grün.

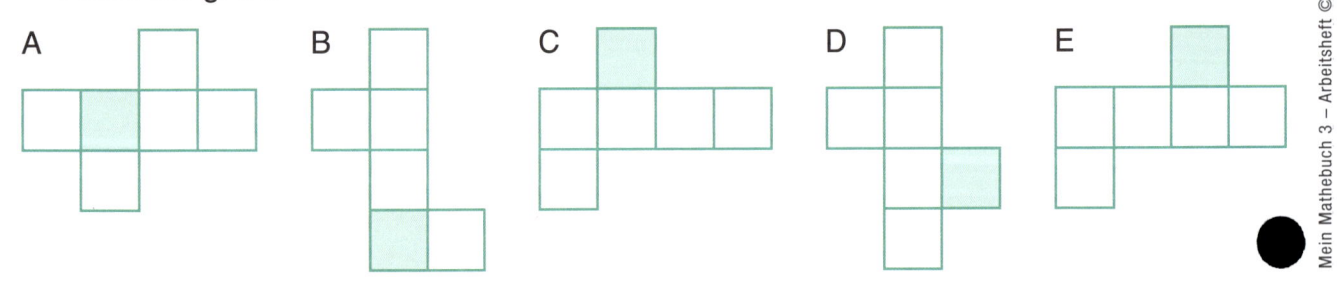

b) Färbe auch die anderen sich gegenüberliegenden Flächen jeweils in derselben Farbe.
c) Welche Würfelnetze sind deckungsgleich? Schreibe und begründe.

_____

_____

4 a) Welche Kanten berühren beim Falten ...
... die grünen Kanten? Male sie grün an.
... die roten Kanten? Male sie rot an.

b) Welche Ecken berühren beim Falten ...
... die blauen Ecken? Male sie blau an.
... die gelben Ecken? Male sie gelb an.

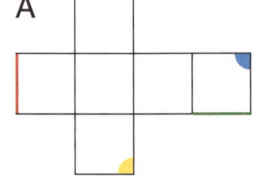

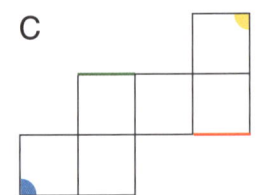

Mein Mathebuch 3 – Arbeitsheft © 2015 Cornelsen Schulverlage GmbH, Berlin

1 Aus wie vielen Würfeln bestehen diese Würfelgebäude?
Ergänze die Baupläne und rechne.

A

B

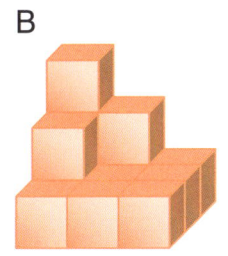

C

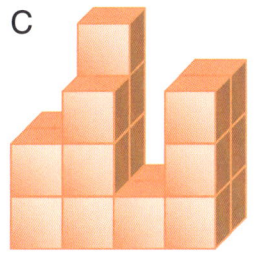

4			

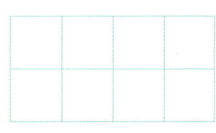

Erfinde ein eigenes Würfelgebäude. Zeichne den Bauplan dazu. Aus wie vielen Würfeln besteht dein Gebäude?

Ⓐ Würfel insgesamt: _____

Ⓑ Würfel insgesamt: _____

Ⓒ Würfel insgesamt: _____

2 Baue Würfelgebäude zu den Bauplänen. Zeichne sie von vorne ab.

A

3	2	3	2
1	2	1	0

B

3	4	3	2
2	2	2	1
1	1	1	0

C

3	4	3
2	3	4
1	2	3

D

4	3	2	1
1	2	2	4
2	0	0	3

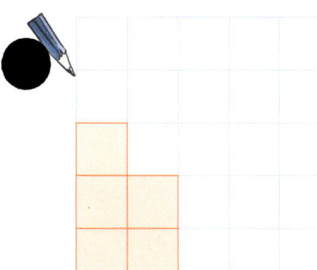

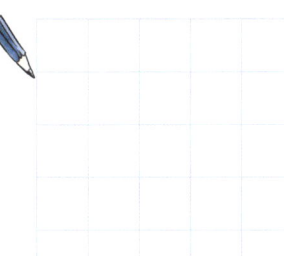

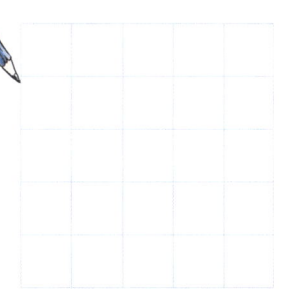

3 Hier siehst du die von hinten gezeichneten Würfelgebäude von Aufgabe 2.
Ordne passend zu.

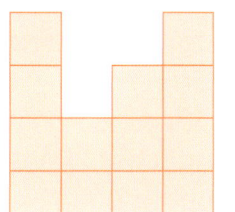
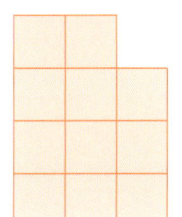

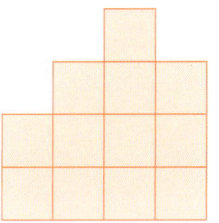

1 Baue aus kleinen Einheitswürfeln einen großen Würfel.

   a) Wie viele kleine Würfel brauchst du insgesamt? ____

   b) Wie viele kleine Würfel brauchst du, wenn du einen Quader
     bauen willst, der nur aus 2 Schichten besteht? ____

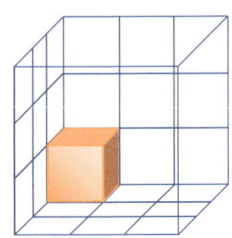

2 Ergänze die Würfelgebäude zu einem möglichst kleinen Würfel.

   a) Wie viele kleine Einheitswürfel brauchst du jeweils noch?

   b) Wie viele kleine Würfel brauchst du jeweils insgesamt? Bestimme den Rauminhalt.

A
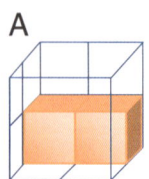

B
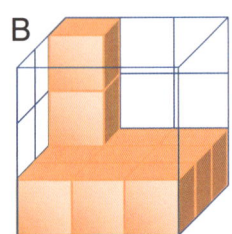

C
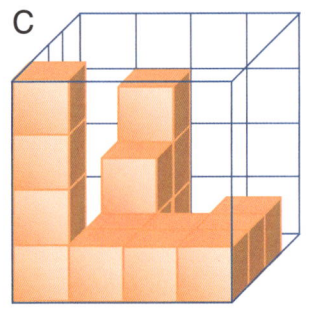

Ein Bauplan kann dir helfen.

noch fehlende
Würfel: ____
Würfel
insgesamt: ____

noch fehlende
Würfel: ____
Würfel
insgesamt: ____

noch fehlende
Würfel: ____
Würfel
insgesamt: ____

3 Ergänze die Würfelgebäude aus Aufgabe 2 zu einem möglichst kleinen Quader.

   a) Wie viele kleine Einheitswürfel brauchst du jeweils noch?

     A: ____   B: ____   C: ____

   b) Baue nach und zeichne wie die Quader von vorne und von links aussehen.

Quader A
von vorne

Quader B
von vorne

Quader C
von vorne

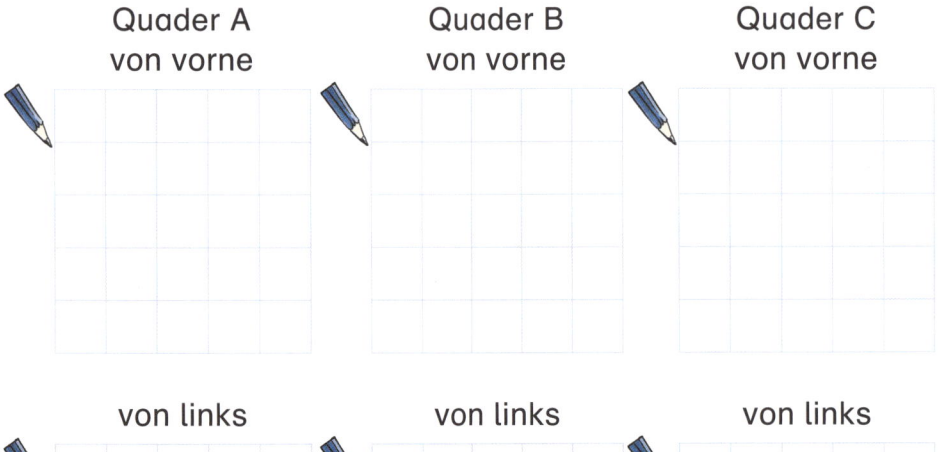

von links

von links

von links

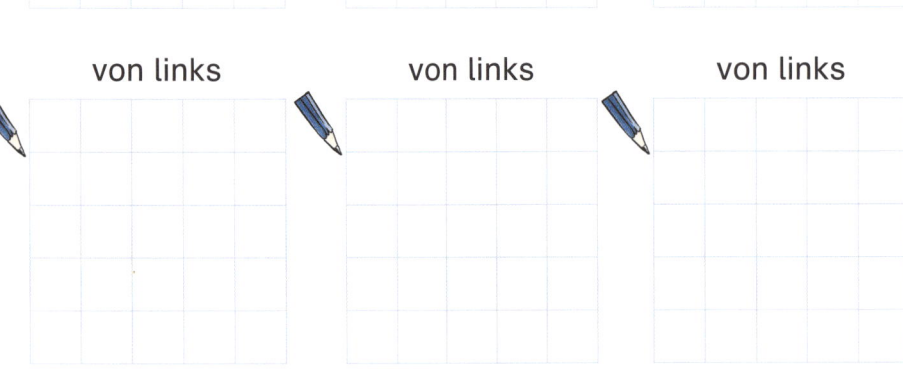

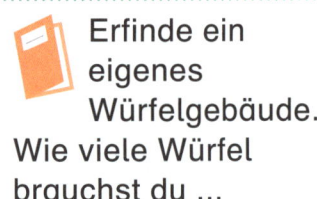

Erfinde ein eigenes Würfelgebäude. Wie viele Würfel brauchst du ...

• ... für einen möglichst kleinen Würfel?

• ... für einen möglichst kleinen Quader?

Mein Mathebuch 3 – Arbeitsheft © 2015 Cornelsen Schulverlage GmbH, Berlin

Reise durch das Matheland

1 a) **ICH + DU + WIR** Betrachtet die Karte von Rechenberg. Welche Informationen könnt ihr der Karte entnehmen?

b) In welchen Planquadraten liegen diese Gebäude?

	A	B	C	D	E
1					①
2		②	③	④	
3	⑤	SUPERMARKT	⑥	⑦	⑧
4	FEUERWEHR		⑨		⑩
5	⑪	SCHULE	⑫	⑬	HOTEL

① Krankenhaus ② Friseur ③ Wasserturm ④ Kirche ⑤ Polizei ⑥ Rathaus ⑦ Marktplatz
⑧ Bahnhof ⑨ Theater ⑩ Eiscafé ⑪ Schwimmbad ⑫ Bäckerei ⑬ Museum

 _____

 _____

 _____

 _____

 _____

 _____

c) Was liegt in diesen Planquadraten?

C4: _____

E1: _____

D2: _____

2 Wo kommst du an?

a) Gehe vom Schwimmbad aus zwei Planquadrate nach rechts und ein Planquadrat nach oben. _____

b) Gehe vom Krankenhaus aus drei Planquadrate nach links, zwei Planquadrate nach unten und ein Planquadrat nach links. _____

c) Gehe vom Supermarkt aus ein Planquadrat nach oben, zwei Planquadrate nach rechts und drei Planquadrate nach unten. _____

d) **ICH + DU** Beschreibe einen Weg auf der Karte. Dein Partnerkind nennt das Ziel.

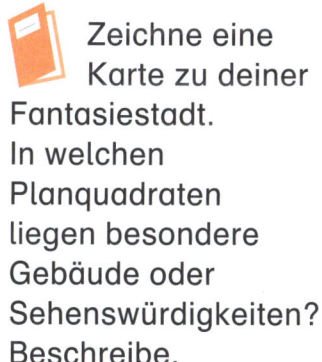 Zeichne eine Karte zu deiner Fantasiestadt. In welchen Planquadraten liegen besondere Gebäude oder Sehenswürdigkeiten? Beschreibe.

3 Entschlüssele die Geheimbotschaft.

	A	B	C	D	E	F
1	T	N	I	Z	S	M
2	R	E	S	I	R	R
3	E	F	G	S	N	Q
4	Ä	E	L	D	E	E
5	Z	J	O	W	U	B

1. Wort: C3 – E5 – A1 – B4
2. Wort: F2 – B2 – D2 – E1 – F4

_____

_____

 Zeichne selbst ein Gitter und denke dir eine Geheimbotschaft aus. Dein Partnerkind entschlüsselt sie.

Mein Mathebuch 3 – Arbeitsheft © 2015 Cornelsen Schulverlage GmbH, Berlin

Experimente mit dem Spiegel

1 Zeichne mit dem Lineal und einem roten Stift alle möglichen Symmetrieachsen ein.
Wie viele Symmetrieachsen findest du jeweils? Vergleiche mit deinem Partnerkind.

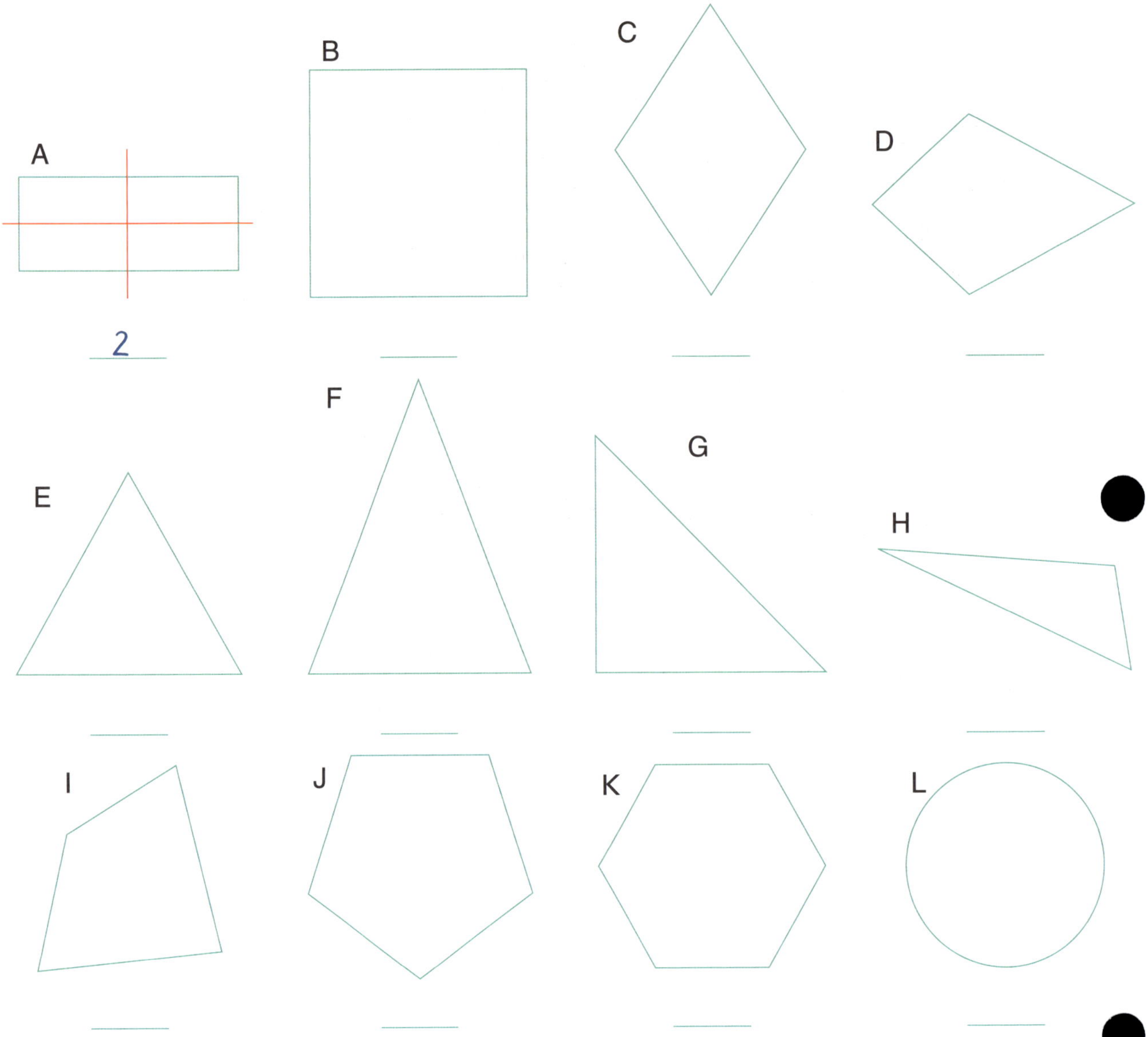

C

B

D

A

2 _____

_____

F

G

E

H

I   J   K   L

_____   _____

_____   _____

2 Welche Muster kannst du durch einmalige Spiegelung am Ausgangsmuster herstellen?
Kreuze an. Beschreibe deinem Partnerkind, wie du vorgehst. Zeichne jeweils die
Symmetrieachse ein.

Du brauchst einen Taschenspiegel ohne Rand.

> Überlege dir ein eigenes Ausgangsmuster. Zeichne Muster, die du durch Spiegelung herstellen kannst.

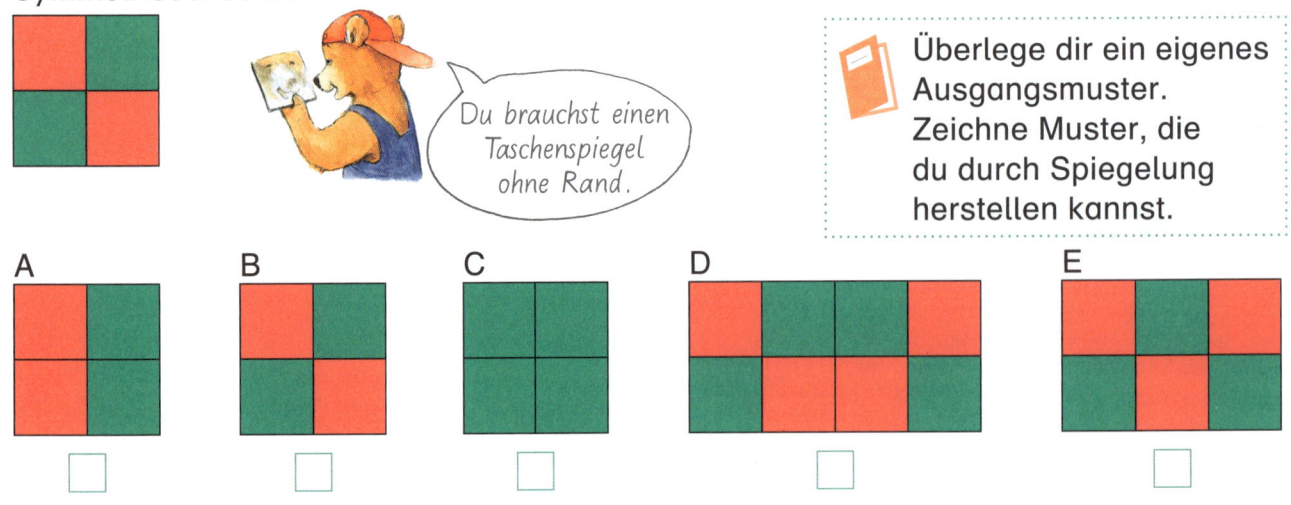

A   B   C   D   E

☐   ☐   ☐   ☐   ☐

Mein Mathebuch 3 – Arbeitsheft © 2015 Cornelsen Schulverlage GmbH, Berlin

Achsensymmetrische Figuren erzeugen; Merkmale achsensymmetrischer Figuren beschreiben

1 Male das Spiegelbild und ergänze zu achsensymmetrischen Figuren.
Beschreibe deinem Partnerkind, wie du vorgehst.

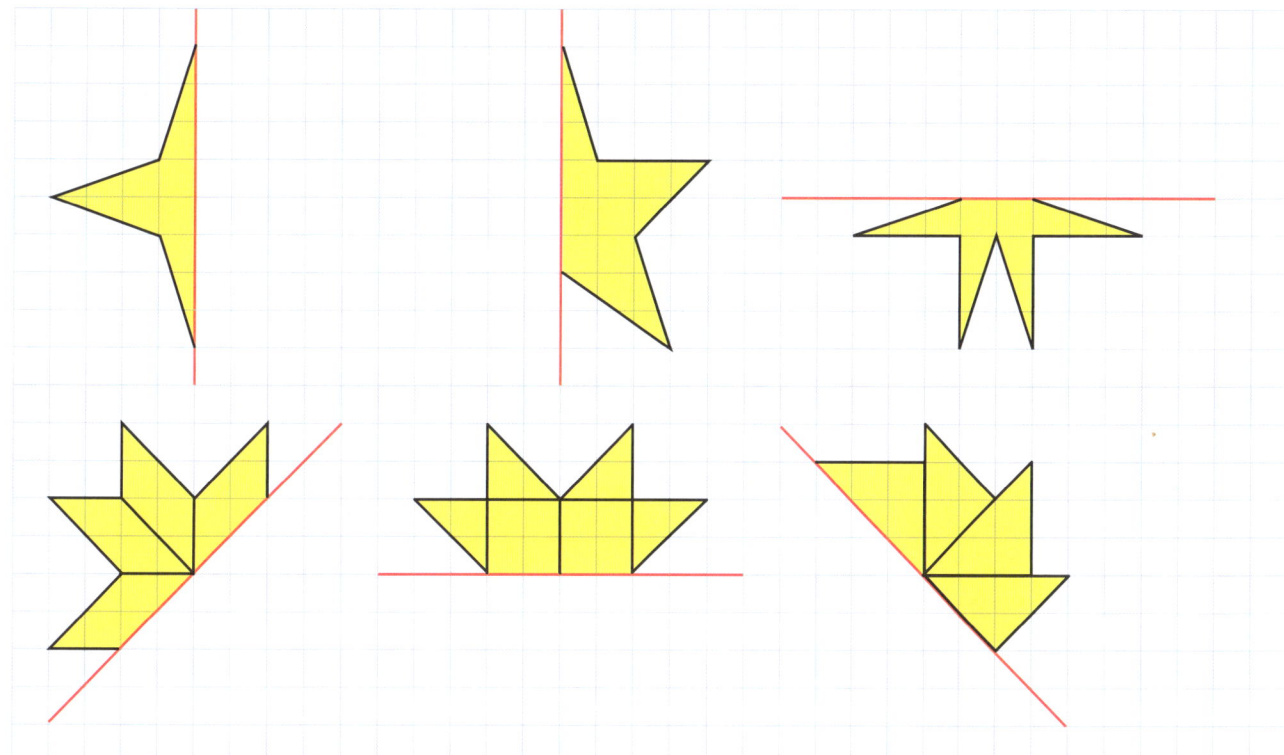

2 Zeichne das Muster einmal **doppelt** so groß und einmal **halb** so groß ab. Setze es fort.

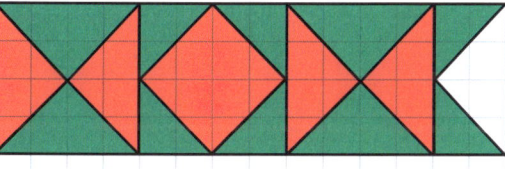

Vergrößerung:

Verkleinerung:

3 ICH + DU ▶ Zeichne ein Muster. Dein Partnerkind vergrößert oder verkleinert es.

Mein Mathebuch 3 – Arbeitsheft © 2015 Cornelsen Schulverlage GmbH, Berlin

1 A   B   C

Wie konntest du die Aufgaben lösen?
Male passend dazu:

☺ 😐 ☹

a) Wie heißen diese Flächenformen?
b) Welche Vierecke haben rechte Winkel? Überprüfe mit deinem Geodreieck.
Kennzeichne rechte Winkel so: ⌐

2

a) Vergrößere. Zeichne die Figur doppelt so groß.
b) Verkleinere. Zeichne die Figur halb so groß.

Tipp:
Zeichne die Figur auf Schmierpapier und färbe die Flächen.

3 Betrachte die Figur aus Aufgabe 2.
Wie viele Dreiecke und wie viele Quadrate siehst du?

Dreiecke: ____   Quadrate: ____

4 Setze das Muster nach links und nach unten hin zu einem Parkett fort.

Mein Mathebuch 3 – Arbeitsheft © 2015 Cornelsen Schulverlage GmbH, Berlin

1 Aus diesen Netzten sollen Würfelnetze werden.
  a) Male passende Quadrate dazu oder streiche Quadrate weg,
     die zu viel sind.
  b) Male Flächen, die sich gegenüberliegen,
     in derselben Farbe an.

Wie konntest du die
Aufgaben lösen?
Male passend dazu:

A 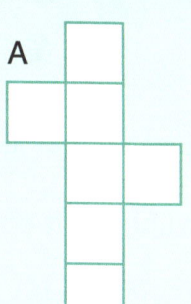 B 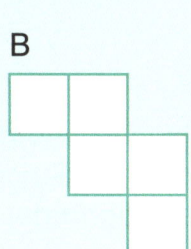 C 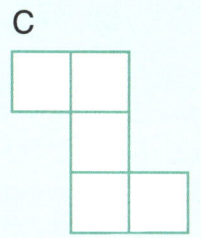 D 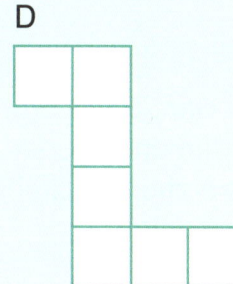 E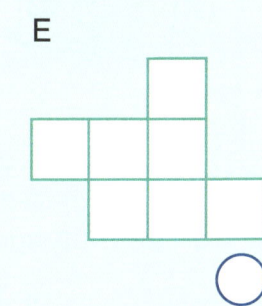

2 Aus wie vielen Würfeln bestehen diese Würfelgebäude?
Ergänze die Baupläne und rechne.

A 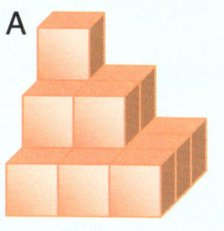 B 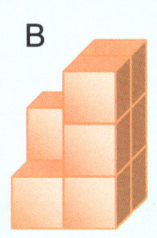 C 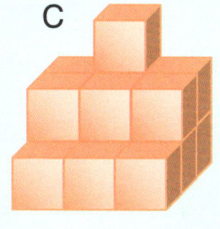 D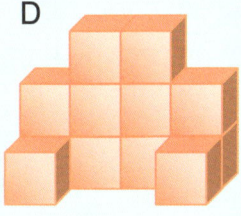

 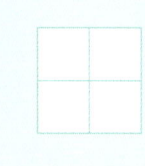  

3 Betrachte die Würfelgebäude aus Aufgabe 2.
Ergänze jedes Würfelgebäude zu einem möglichst
kleinen Würfel. Wie viele kleine Würfel brauchst du jeweils noch?

Gebäude A: ____   Gebäude C: ____

Gebäude B: ____   Gebäude D: ____

Die Baupläne können dir helfen.

4 Zeichne mit dem Geodreieck und einem Bleistift alle möglichen Symmetrieachsen ein.

A 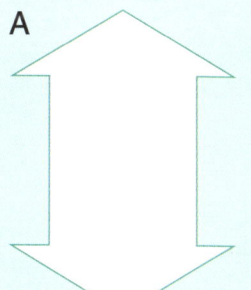 B 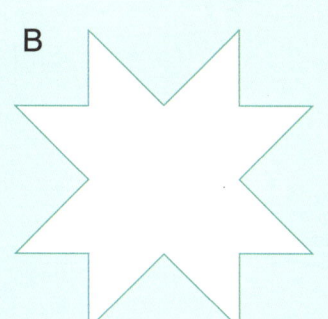 C  D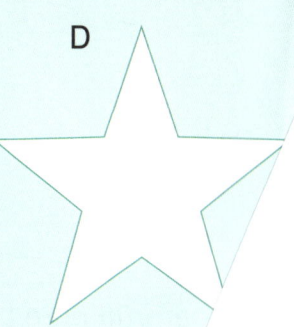

MB Seiten 83, 84

Wahrscheinlichkeiten beurteilen

1   A   B   C

a) **ICH + DU + WIR** ▶ Ben, Steffi und Hannes haben jeweils 20-mal eine Kugel aus einem Säckchen gezogen und wieder zurückgelegt. Betrachtet die Strichlisten.
Vermutet, aus welchen Säckchen sie gezogen haben. Begründet und überprüft eure Vermutungen handelnd.

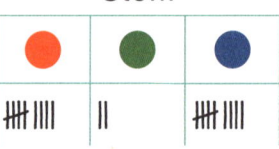 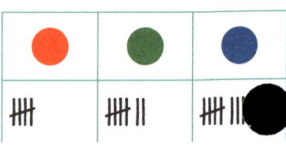

Ben		
🔴	🟢	🔵
̶ ̶ ̶ ̶	̶ ̶ ̶ ̶	̶ ̶ ̶ ̶

Ben

🔴	🟢	🔵
ＷＨＴＩＩ	ＷＨＴＩＩ	ＷＨＴＩ

Säckchen ____

Steffi

🔴	🟢	🔵
ＷＨＴＩＩＩＩ	ＩＩ	ＷＨＴＩＩＩＩ

Säckchen ____

Hannes

🔴	🟢	🔵
ＷＨＴ	ＷＨＴＩＩ	ＷＨＴＩＩＩ

Säckchen ____

b) Fülle die Tabelle vollständig aus. Ergänze dann die Aussagen passend.

	Anzahl der Kugeln			
	rot 🔴	grün 🟢	blau 🔵	insgesamt
Säckchen A	4	1		
Säckchen B				
Säckchen C				

 Finde weitere passende Aussagen.

Die Wahrscheinlichkeit, eine rote Kugel zu ziehen, ist bei Säckchen ____ am höchsten.

Bei Säckchen ____ und ____ ist es gleich wahrscheinlich, eine blaue oder rote Kugel zu ziehen.

Wenn man eine grüne Kugel ziehen möchte, sollte man nicht aus Säckchen ____ ziehen.

2 Immer 9 Kugeln! Zeichne ein Säckchen, bei dem es ...

a) ... gleich wahrscheinlich ist, eine rote oder eine grüne Kugel zu ziehen.

b) ... wahrscheinlicher ist, eine grüne als eine rote Kugel zu ziehen.

c) ... wahrscheinlicher ist, eine grüne oder rote Kugel zu ziehen als eine blaue.

Überprüft eure Lösungen handelnd.

Mein Mathebuch 3 – Arbeitsheft © 2015 Cornelsen Schulverlage GmbH, Berlin

1 $3\,7\,4 + 1\,2\,3 = \underline{\qquad}$

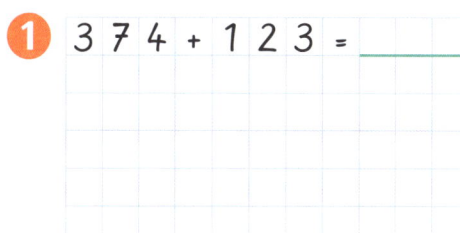

ICH + DU + WIR Wie rechnest du?
Wie rechnen andere? Erklärt euch eure Tricks.
Welche sind geschickt? Begründet.

2 Lege mit den Hunderter-, Zehner- und Einerkarten. Sprich dazu.
Addiere dann schriftlich.

H Z E
3 7 4
+ 1 2 3

L

H Z E
2 6 7
+ 3 1 2

M

H Z E
5 3 1
+ 4 6

E

H Z E
4 7 4
+ 2 0 5

T

H Z E
9 5
+ 8 0 4

L

Rechne
immer von
oben nach
unten.

H Z E
3 0 0
+ 1 2 6

O

H Z E
8 4 9
+ 1 2 0

S

H Z E
2 0 9
+ 1 7 0

K

H Z E
1 7 2
+ 3 1 6

I

H Z E
4 3
+ 1 5 0

K

3 Addiere schriftlich. Schreibe richtig untereinander.

358 + 140

H Z E
3 5 8
+ 1 4 0

E

34 + 562

H Z E
+

I

31 + 465

H Z E
+

E

213 + 365

H Z E
+

N

62 + 305

H Z E
+

O

555 + 44

H Z E
+

S

261 + 305

H Z E
+

B

82 + 506

H Z E
+

E

115 + 334

H Z E
+

D

896 + 102

H Z E
+

S

28 + 171

H Z E
+

R

632 + 57

H Z E
+

A

4 + 934

H Z E
+

U

706 + 21

H Z E
+

M

415 + 74

H Z E
+

L

48 + 731

H Z E
+

F

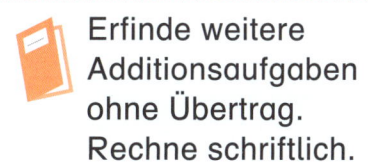

Erfinde weitere
Additionsaufgaben
ohne Übertrag.
Rechne schriftlich.

193 199 367 379 426 449 488 489 496   497 498 566 577 578   579 588 596 599 679

___ ___ ___ ___ ___ ___ .
689 727   779 899 938 969 998

1 Blitzgescheit in kurzer Zeit.

28 + 4 = ___ N	37 + 9 = ___ E	52 − 8 = ___ D	46 − 8 = ___ B	25 − 7 = ___ G
37 + 6 = ___ I	49 + 6 = ___ E	48 − 9 = ___ E	61 − 5 = ___ I	88 + 4 = ___ !
45 + 9 = ___ N	29 + 8 = ___ E	84 − 7 = ___ R	93 − 7 = ___ N	23 − 6 = ___ E
7 + 5 = ___ B	19 + 4 = ___ I	35 − 6 = ___ N	77 − 9 = ___ E	56 + 5 = ___ N

12	17	18	23	29	32	37		38	39	43		44	46	54		55	56	61	68	77	86		92

2 Lege mit den Hunderter-, Zehner- und Einerkarten. Sprich dazu. Addiere schriftlich.

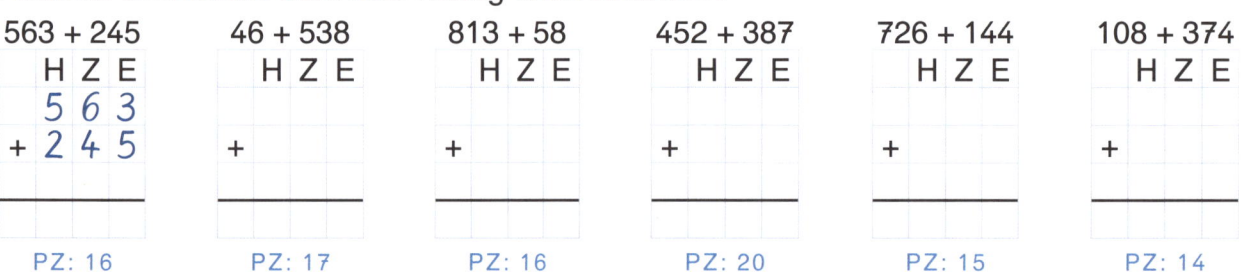

H Z E	H Z E	H Z E	H Z E	H Z E	H Z E
1 6 9	2 1 0	7 9 3	4 3 7	8 5 3	6 1
+ 3 2 4	+ 5 9 3	+ 1 5 6	+ 2 4 9	+ 5 4	+ 8 2 9
PZ: 16	PZ: 11	PZ: 22	PZ: 20	PZ: 16	PZ: 17

3 Addiere schriftlich. Schreibe richtig untereinander.

563 + 245	46 + 538	813 + 58	452 + 387	726 + 144	108 + 374
H Z E	H Z E	H Z E	H Z E	H Z E	H Z E
5 6 3					
+ 2 4 5	+	+	+	+	+
PZ: 16	PZ: 17	PZ: 16	PZ: 20	PZ: 15	PZ: 14

4 Hier musst du mehrmals wechseln.

H Z E	H Z E	H Z E	H Z E	H Z E	H Z E
6 7 3	5 7 6	2 7 9	3 5 8	1 9 6	8 4 5
+ 1 8 8	+ 1 4 4	+ 4 5 4	+ 5 4	+ 3 3 7	+ 6 7
PZ: 15	PZ: 9	PZ: 13	PZ: 7	PZ: 11	PZ: 12

5 Achtung, Fehler (4)! Überprüfe und rechne richtig.

215 + 379 = 584   835 + 86 = 941   169 + 378 = 547   184 + 76 = 944   705 + 96 = 791

6 Erkan bildet aus den Ziffern 1 , 5 und 7 die größtmögliche und die kleinstmögliche dreistellige Zahl und bildet die Summe.
F: Welches Ergebnis erhält er?

A: _____

R:

Mein Mathebuch 3 – Arbeitsheft © 2015 Cornelsen Schulverlage GmbH, Berlin

Gute Additionsaufgaben

1

```
H Z E
3 2 8
+ 4 ❋ 4
  1 1
───────
❋ ❋ 1 ❋
```

`ICH + DU + WIR` ▸ Wie könnt ihr die fehlenden Ziffern finden? Erklärt euch eure Tricks.

2 Finde die fehlenden Ziffern.

```
  H Z E        H Z E        H Z E         H Z E         H Z E         H Z E
  1 5 3        6 7 4        5 ❋ 9         ❋ 6 ❋ T       3 4 6         ❋ 8 5 E
+ 3 ❋ 7      + ❋ 5 7      + 2 8 7       +   ❋ 5       + ❋ 6 ❋ T     + 6 ❋ 4
  1 1          1 1          1 1           1 1           1 1           1
─────────    ─────────    ─────────    ─────────     ─────────     ─────────
❋ 0 ❋ C      9 ❋ ❋ V      ❋ ❋ 3 I      7 4 1         9 ❋ 4         8 7 ❋
```

> 📙 Erfinde ähnliche Klecksaufgaben.

3 Rechne. Was stellst du fest? Achte auf die Zahlen. Wie verändern sie sich? Setze fort. Vergleiche deine Ergebnisse mit deinem Partnerkind.

```
  H Z E        H Z E        H Z E        H Z E         H Z E         H Z E
  1 9 4        2 8 5        3 7 6                  A             H             K
+ 6 1 5      + 5 2 4      + 4 3 3      +        D  +          S  +          L
─────────    ─────────    ─────────    ─────────     ─────────     ─────────
```

> 📙 Erfinde eine ähnliche Aufgabenfolge.

4 Welche Zahlen wurden hier addiert? Ergänze. Denke auch an den Übertrag.

```
  H Z E        H Z E        T H Z E       H Z E         H Z E         H Z E
  2 1 8        4 9 2        9 2 4         5 0 9         6 8 1           5 3
+ ❋❋❋ N      + ❋❋❋ N      + ❋❋❋❋ U     + ❋❋❋ N       + ❋❋❋ I       + ❋❋❋ A
─────────    ─────────    ──────────    ─────────     ─────────     ─────────
  6 0 3        8 1 0        1 0 0 0       7 0 7         9 5 5         6 4 2
```

5 Erreiche die Zielzahl 734. Finde drei Additionsaufgaben …

a) … ohne Übertrag.   b) … mit Übertrag.

Wie bist du vorgegangen? Besprich dich mit deinem Partnerkind.

E ___ ___ ___ ___   ___ ___ ___ ___   ___ ___ ___ ___ ___ ___ ___ ___ ___ .
   76 160 185 198   251 274 318 342   385 467 500 558 568 589 649 666 836 931

Längen

1 Schätze zuerst und miss dann in Schritten.
Überprüfe zuletzt durch genaues Messen.

	gemessen	
geschätzt	in Schritten	genau

Wie lang ist der Weg von deinem Sitzplatz bis zur Tafel?
Wie lang ist der Weg von der Klassenzimmertür zur Tafel?
Wie lang ist der Weg vom Klassenzimmer bis zum WC?

 Miss zu Hause und mache eine Tabelle wie in Aufgabe 1: der Weg vom Kinderzimmer zum Bad, der Weg vom Bett zur Kinderzimmertür, …
Schätze und miss weitere Wege.

2 Ordne die Längen der Größe nach. Beginne mit der kürzesten.

500 m	30 km	5 m	1 km	10 km

10 m	30 m	3 m	300 m	8 m

3 m ‹ _____

3 Welche Maßeinheit passt? Umkreise passend.
Millimeter (mm) 🟡   Zentimeter (cm) 🟢   Meter (m) 🔴   Kilometer (km) 🔵

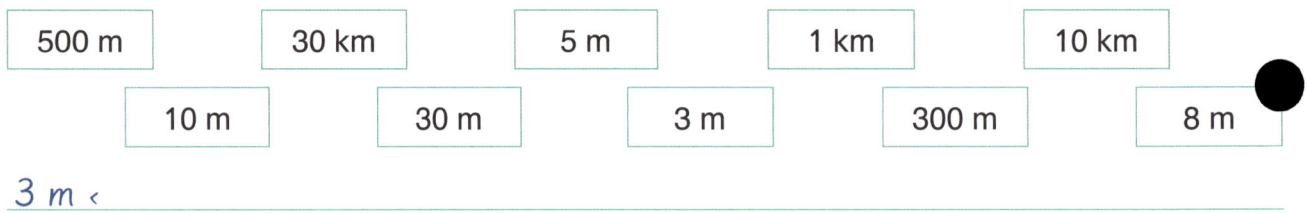

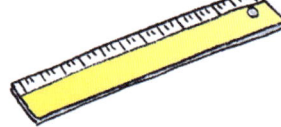

4 Immer drei Maßeinheiten gehören zusammen. Male sie in der gleichen Farbe an.

432 cm		243 cm		4,00 m	
	203 cm		400 cm		4 m 32 cm
342 cm		4 m		2,43 m	
	3,42 m		2,03 m		2 m 43 cm
4,32 m		2 m 3 cm		3 m 42 cm	

5 Saras Wohnhaus ist 7 m hoch.
Der Kirchturm nebenan ist 4-mal so hoch.
F: Wie hoch ist der Kirchturm?

R: _____

A: _____

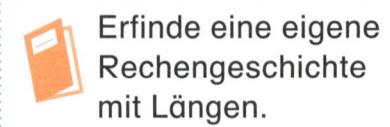 Erfinde eine eigene Rechengeschichte mit Längen.

Mein Mathebuch 3 – Arbeitsheft © 2015 Cornelsen Schulverlage GmbH, Berlin

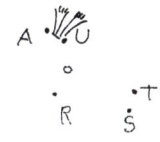

6 Verbinde die Punkte von A bis U. Miss jede Teilstrecke genau und schreibe die Ergebnisse in mm auf.

A ⟶ B: _____ mm   K ⟶ L: _____ mm

B ⟶ C: _____ mm   L ⟶ M: _____ mm

C ⟶ D: _____ mm   M ⟶ N: _____ mm

D ⟶ E: _____ mm   N ⟶ O: _____ mm

E ⟶ F: _____ mm   O ⟶ P: _____ mm

F ⟶ G: _____ mm   P ⟶ Q: _____ mm

G ⟶ H: _____ mm   Q ⟶ R: _____ mm

H ⟶ I: _____ mm   R ⟶ S: _____ mm

I ⟶ J: _____ mm   S ⟶ T: _____ mm

J ⟶ K: _____ mm   T ⟶ U: _____ mm

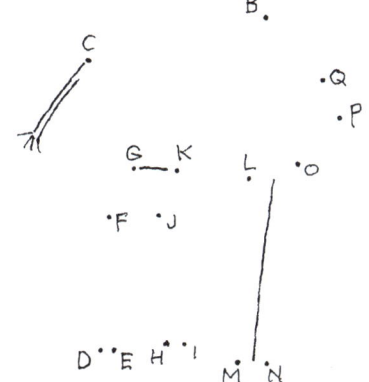

● Wandle jedes Ergebnis in cm und mm um und ergänze dann auf 10 cm.

7 Zeichne die Strecken.

24 mm |————

3 cm 8 mm |————

82 mm |————

7 cm 6 mm |————

Kann das sein? 1000 Tausendfüßler sind zusammen 100 m lang? Begründe deine Antwort.

8 Schreibe die Längen als Kommazahl.

5 m 13 cm = _____ m F   7 m 3 cm = _____ m N   0 m 10 cm = _____ m G

1 m 2 cm = _____ m I   2 m 22 cm = _____ m R   10 m 1 cm = _____ m B

8 m 9 cm = _____ m H   11 m 1 cm = _____ m E   50 m 50 cm = _____ m Ö

6 m 90 cm = _____ m E   3 m 30 cm = _____ m A   63 m 5 cm = _____ m R

● 4 m 6 cm = _____ m F   12 m 4 cm = _____ m N   71 m 17 cm = _____ m N

9 m 59 cm = _____ m A   99 m 9 cm = _____ m E   24 m 8 cm = _____ m H

9 3,90 m + 3,10 m = _____   9,35 m − 5,40 m = _____   1,11 m + 8,89 m = _____

6,80 m − 0,90 m = _____   4,25 m + 2,85 m = _____   8,03 m − 1,30 m = _____

2,30 m + 4,40 m = _____   8,65 m − 3,95 m = _____   9,42 m + 0,57 m = _____

5,00 m − 2,90 m = _____   6,95 m + 2,40 m = _____   7,21 m − 3,13 m = _____

2,10 m; 3,95 m; 4,08 m; 4,70 m; 5,90 m; 6,70 m; 6,73 m; 7,00 m; 7,10 m; 9,35 m; 9,99 m; 10,00 m

 Wandle jedes Ergebnis in m und cm um und ergänze dann auf 10 m.

_____ _____ _____ _____ _____ _____ _____ _____ R.

0,10   1,02   2,22   3,30   4,06   5,13   6,90   7,03   8,09   9,59   10,01   11,01   12,04   24,08   50,50   63,05   71,17   99,09

Mein Mathebuch 3 – Arbeitsheft © 2015 Cornelsen Schulverlage GmbH, Berlin

Genau lesen

1 Blitzgescheit in kurzer Zeit.

27 − 8 = ____ H	16 − 9 = ____ I	62 − 5 = ____ O	10 · 10 = ____ N	2 · 7 = ____ C
7 · 9 = ____ M	42 − 4 = ____ E	67 − 9 = ____ R	103 − 5 = ____ E	5 · 7 = ____ G
84 − 5 = ____ I	67 + 5 = ____ T	59 + 8 = ____ A	96 − 9 = ____ N	9 · 6 = ____ F
52 − 6 = ____ I	24 + 7 = ____ I	7 · 7 = ____ N	2 · 11 = ____ T	77 + 6 = ____ O

W _____

7   14   19   22   31   35   38   46   49   54   57   58   63   67   72   79   83   87   98   100

2 a) Die Lehrerin der Rechenbergschule besorgt Hefte für die Klasse 3c. Sie kauft 5 Deutschhefte, 3 Mathematikhefte und 2 Englischhefte pro Schulkind. In die Klasse gehen 12 Mädchen.
F: Wie viele Hefte muss die Lehrerin insgesamt besorgen?
Eine wichtige Information fehlt.
Schau in der Tabelle nach und trage ein:

Klasse	Mädchen	Jungen	insg.
3a	15	9	
3b		10	21
3c	12	13	
3d	13		29

_____

Rechne und antworte.

R: _____

A: _____ O

b) Lehrer Lempel besorgt die Hefte für die restlichen dritten Klassen.
Auch er braucht 5 Deutschhefte, 3 Mathehefte und 2 Englischhefte pro Schulkind.
F: Wie viele Hefte muss er insgesamt besorgen?
Einige wichtige Informationen fehlen. Ergänze die Tabelle. Rechne und antworte.

R:

A: _____ P

 Finde weitere Rechenfragen zur Tabelle.

Sachsituationen: Relevante Informationen aus Texten entnehmen

Mein Mathebuch 3 – Arbeitsheft © 2015 Cornelsen Schulverlage GmbH, Berlin

3 Die Sekretärin der Rechenbergschule, Frau Schreib, will wissen, wie viele Kinder ihre Schule besuchen. Das Büro von Frau Schreib ist das Sekretariat. Es ist im 2. Stock, direkt neben der Klasse 2b. In die Klasse 2b gehen 25 Kinder, aber nur 8 Mädchen. Die Klasse macht heute einen Ausflug. In die ersten Klassen gehen 97 Kinder, in die zweiten Klassen 94, in die dritten und in die vierten Klassen jeweils 99 Kinder.

Was wollte Frau Schreib wissen?
Streiche unwichtige Informationen durch.
Male die wichtigen Zahlen und Wörter gelb an.

R:

● F: _____

_____

A: _____

_____ K

4

Schulkinder:	_____	1. Klassen a, b, c, d:	_____ Kinder
Lehrkräfte:	23	2. Klassen a, b, c, d:	_____ Kinder
Sekretärin:	1	3. Klassen a, b, c, d:	_____ Kinder
Hausmeisterin:	1	4. Klassen a, b, c, d:	_____ Kinder

Die fehlenden Informationen findest du in Aufgabe 3.

In der Rechenbergschule ist Sommerfest. Rektor Richter begrüßt alle Gäste, die Schulkinder, die Lehrkräfte, den Hausmeister und seine Sekretärin. Jede Klasse hat etwas Besonderes vorbereitet. Die Klasse 3c jongliert mit Bällen und zeigt eine Vorführung mit dem Einrad. Von 120 Kindern kommen beide Eltern, von den restlichen Schülern kommt jeweils ein Elternteil zum Sommerfest.
● F1: Wie viele Eltern sind auf dem Sommerfest?
F2: Wie viele Menschen sind insgesamt auf dem Sommerfest?

Einige wichtige Informationen fehlen. Schau in der Tabelle nach.

Das muss ich noch wissen: _____

Streiche unwichtige Informationen durch. Male die wichtigen Zahlen und Wörter gelb an.

R1:   R2:

A1: _____ A   A2: _____ I

DAS ____ ____ ____ ____ ____ GEHÖRT ZU DEN GIRAFFENARTIGEN.
    250 389 509 740 924

Mein Mathebuch 3 – Arbeitsheft © 2015 Cornelsen Schulverlage GmbH, Berlin

1 Blitzgescheit in kurzer Zeit.

34 – 8 = ____ N	52 – 6 = ____ I	82 – 4 = ____ A	27 – 9 = ____ A	63 – 7 = ____ E
76 – 9 = ____ E	55 – 8 = ____ M	91 – 8 = ____ N	14 – 9 = ____ F	43 – 6 = ____ E
67 – 8 = ____ I	31 – 4 = ____ G	45 – 9 = ____ B	71 – 7 = ____ N	85 – 9 = ____ R

__ __ __ __   __ __ __ __   __ __ __ __ __   __ __ .

5   18   26   27   36   37   46   47   56   59   64   67   76   78   83

2 Lege mit den Hunderter-, Zehner- und Einerkarten. Sprich dazu.
Subtrahiere dann schriftlich.

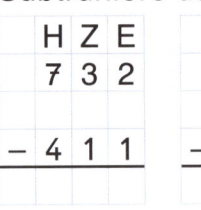

Rechne immer von oben nach unten.

H Z E	H Z E	H Z E	H Z E	H Z E
7 3 2	8 7 3	8 5 3	6 9 8	5 9 7
– 4 1 1	– 4 5 2	– 7 4 3	– 3 7 6	– 3 8 7
PZ: 6	PZ: 7	PZ: 2	PZ: 7	PZ: 3

3 Subtrahiere schriftlich. Schreibe richtig untereinander.

932 – 812	564 – 53	189 – 74	857 – 437	958 – 47	768 – 358
H Z E	H Z E	H Z E	H Z E	H Z E	H Z E
9 3 2					
– *8 1 2*	–	–	–	–	–
PZ: 3	PZ: 7	PZ: 7	PZ: 6	PZ: 11	PZ: 5

4 Lege mit den Hunderter-, Zehner- und Einerkarten. Sprich dazu. Denke ans Entbündeln.
Subtrahiere dann schriftlich. Achte auf den Übertrag.

H Z E	H Z E	H Z E	H Z E	H Z E	H Z E
7 6 3	3 7 8	5 2 0	2 7 0	5 4 3	3 7 0
– 5 4 4	– 2 5 9	– 3 1 8	– 1 4 5	– 1 3 5	– 1 2 8

H Z E	H Z E	H Z E	H Z E	H Z E	H Z E
8 1 4	3 0 8	9 1 8	9 7 4	6 0 4	3 2 7
– 2 5 3	– 8 7	– 7 6 3	– 9 2	– 3 5 1	– 1 5 3

119, 125, 155, 174, 202, 219, 221, 242, 253, 408, 561, 882

5 Sara hat 180 Sticker in ihrem Album.
55 Sticker schenkt sie ihrer Freundin Luisa.
F: Wie viele Sticker hat sie noch?

R:

A: _____

Mein Mathebuch 3 – Arbeitsheft © 2015 Cornelsen Schulverlage GmbH, Berlin

1 Subtrahiere schriftlich. Schreibe richtig untereinander.

652 – 348	307 – 152	793 – 379	842 – 427	506 – 273	901 – 371
H Z E	H Z E	H Z E	H Z E	H Z E	H Z E
6 5 2					
– 3 4 8	–	–	–	–	–
A	H	E	O	D

2 4 0 0 – 2 5 6 = _____

ICH + DU + WIR Wie rechnest du?
Wie rechnen andere? Erklärt euch eure Tricks.
Welche sind geschickt? Begründet.

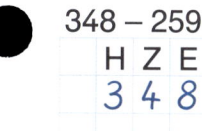 Hier musst du zweimal wechseln.

H Z E	H Z E	H Z E	H Z E	H Z E	H Z E
7 4 2	6 5 3	3 0 4	8 2 0	4 0 0	5 2 3
– 3 5 8	– 2 8 6	– 1 5 6	– 2 7 6	– 2 5 6	– 2 7 4
C	R	P	E	L	F

H Z E	H Z E	H Z E	H Z E	H Z E	H Z E
6 4 7	5 4 3	1 2 4	3 5 0	8 0 4	9 0 3
– 3 5 8	– 2 6 8	– 7 9	– 2 7 6	– 3 6 7	– 4 6 4
S	I	D	R	F	M

4 Subtrahiere schriftlich. Schreibe richtig untereinander.

348 – 259	934 – 575	400 – 86	727 – 89	864 – 375	431 – 279
H Z E	H Z E	H Z E	H Z E	H Z E	H Z E
3 4 8					
– 2 5 9	–	–	–	–	–
A	E	T	L	R	H

502 – 64	707 – 468	308 – 249	500 – 173	900 – 384	524 – 346
H Z E	H Z E	H Z E	H Z E	H Z E	H Z E
–	–	–	–	–	–
I	L	E	D	U	W

45   59   74   89 144 148 152 155 178 233 239 249   275 289 314   327 359 367

384 414 415 437   438 439   489 516 530 544 638

Gute Subtraktionsaufgaben

1
```
H Z E
6 4 3
  | |
- 2 ✿ 5
  ✿ 6 ✿
```
ICH + DU + WIR ▶ Wie könnt ihr die fehlenden Ziffern finden?
Erklärt euch eure Tricks.

2 Finde die fehlenden Ziffern.

```
H Z E        H Z E        H Z E        H Z E        H Z E        H Z E
4 1 7        8 3 4        5 ✿ 5        ✿ 5 ✿        9 7 6        ✿ 2 3
  | |          | |          | |          | |          | |          | |
- 1 ✿ 9      - ✿ 6 7      - 2 8 6      - ✿ ✿ 3      - ✿ 9 ✿      - 5 ✿ 8
  ✿ 5 ✿        4 ✿ ✿        ✿ 2 ✿        1 8 8        3 ✿ 9        ✿ 7 ✿
```

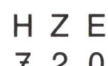 Erfinde ähnliche Klecksaufgaben.

3 Rechne. Was stellst du fest? Achte auf die Zahlen. Wie verändern sie sich? Setze fort.
Vergleiche deine Ergebnisse mit deinem Partnerkind.

```
H Z E        H Z E        H Z E        H Z E        H Z E        H Z E
9 4 2        8 5 3        7 6 4

- 6 1 4      - 5 2 5      - 4 3 6      -            -            -
```

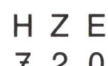 Erfinde eine ähnliche Aufgabenfolge.

4 Welche Zahlen wurden hier subtrahiert? Ergänze. Denke auch an den Übertrag.

```
H Z E        H Z E        T H Z E      H Z E        H Z E        H Z E
7 2 0        5 0 9        1 0 0 0      8 8 7        4 6 1        6 3 2

- ✿ ✿ ✿      - ✿ ✿ ✿      - ✿ ✿ ✿      - ✿ ✿ ✿      - ✿ ✿ ✿      - ✿ ✿ ✿
  4 7 7        3 8 5        9 1 9        5 9 8          6 6        1 6 7
```

5 Erreiche die Zielzahl 178. Finde drei Subtraktionsaufgaben …
a) … ohne Übertrag.   b) … mit Übertrag.

Wie bist du vorgegangen? Besprich dich mit deinem Partnerkind.

Automatisiert und flexibel das schriftliche Rechenverfahren der Subtraktion anwenden

Mein Mathebuch 3 – Arbeitsheft © 2015 Cornelsen Schulverlage GmbH, Berlin

1 Rechne. Was stellst du fest? Besprich dich mit deinem Partnerkind. Setze fort.

a)
```
H Z E        H Z E        H Z E
8 1 8        7 2 7        6 3 6
+ 1 8 1      + 2 7 2      + 3 6 3
_____      _____      _____
```

b)
```
H Z E        H Z E        H Z E
9 1 9        9 2 9        9 3 9

- 1 9 1      - 2 9 2      - 3 9 3
_____      _____      _____
```

2 Rechne schriftlich. Schreibe richtig untereinander.

```
805 – 97     846 – 358    904 – 356    800 – 379    715 – 68     634 – 235
H Z E        H Z E        H Z E        H Z E        H Z E        H Z E



-            -            -            -            -            -
_____      _____      _____      _____      _____      _____
     U            K            L            A            D            C
```

```
278 + 359    586 + 76     439 + 75     194 + 378    683 + 248    308 + 97
H Z E        H Z E        H Z E        H Z E        H Z E        H Z E



+            +            +            +            +            +
_____      _____      _____      _____      _____      _____
     L            H            A            E            D            H
```

3 Achtung, Fehler (5)! Überprüfe und rechne richtig.

```
H Z E        H Z E        H Z E        H Z E        H Z E        H Z E
6 3 9        3 7 6        8 4 5        6 0 4        8 0 0        4 2 7
             + 2 5        | |          | |                      + 3 9 6
- 2 5 4                   - 3 6 8      - 2 5 6      -   6 9
8 9 3        6 2 6        4 7 7        4 5 2        7 4 1          3 1
```

4 Finde die fehlenden Ziffern. Ergänze auch den Übertrag.

```
H Z E        H Z E        H Z E        H Z E        H Z E        H Z E
7 9 ■        8 ■ 2        ■ 7 4        9 ■ ■ N      3 ■ 6        ■ ■ 6 W
+ 1 ■ 4               + 6 ■ ■ I                  + 9 ■ S
             - 5 7 ■                  - ■ 5 8                  - 2 2 ■
  ■ 3 3 E      ■ 9 5        8 0 0        5 5 5        7 0 4        3 7 8
```

_____ SIND _____ .

398 399 405 421 488 514 548 572   606 626 637 647 662 708 913 931 933

Mein Mathebuch 3 – Arbeitsheft © 2015 Cornelsen Schulverlage GmbH, Berlin

Rechnen mit Euro und Cent

1 Wandle um. Ergänze die Tabelle.

€	8,24 €			7,09 €		
€ ct	8 € 24 ct	9 € 3 ct		4 €		4 € 49 ct
ct	824 ct		310 ct		599 ct	89 ct

2 Rechne schriftlich.

```
   1 8, 4 9 €          1 7 2, 0 3 €          2 5 0, 5 0 €          4 6 9, 5 0 €
   4 4, 1 0 €             3 0, 2 0 €            5 6, 0 7 €          2 0 3, 2 1 €
+     7, 3 5 €        +    8 8, 4 8 €       +      6, 4 5 €       +    2 1, 8 9 €
_____           _____           _____           _____
```

```
   5 2, 7 1 €          1 6 9, 5 8 €          8 1 5, 3 0 €          6 4 8, 0 0 €
−      4, 8 5 €       −    4 3, 6 9 €       − 3 6 2, 2 1 €        − 5 5 5, 1 5 €  ●
_____           _____           _____           _____
```

47,86 €; 69,94 €; 92,85 €; 125,89 €; 290,71 €; 313,02 €; 453,09 €; 694,60 €

3 Schreibe mit Komma und rechne schriftlich.

284,13 € + 34,07 € + 18 €   63 € + 1,17 € + 65 ct   350 € − 84,63 €   184,77 € − 5,92 €

64,82 €; 178,85 €; 265,37 €; 336,20 €

4 Christian hat 115 € zum Geburtstag bekommen. Von dem Geld möchte er sich eine neue Reitausrüstung kaufen. Er sucht sich einen Reithelm für 27,99 € aus, Reitstiefel für 35,45 € und eine Reithose für 49 €.

a) Reicht sein Geld? Kannst du das mithilfe einer Überschlagsrechnung herausfinden? Begründe.

Ü: _____

_____

b) F: Wie viel kostet Christians Ausrüstung insgesamt? Rechne genau.

R:

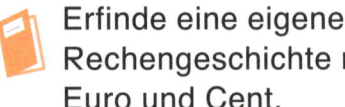
Erfinde eine eigene Rechengeschichte mit Euro und Cent.

A: _____

Automatisiert und flexibel die schriftlichen Rechenverfahren anwenden

Mein Mathebuch 3 – Arbeitsheft © 2015 Cornelsen Schulverlage GmbH, Berlin

① Addiere schriftlich.

H	Z	E
3	4	5
+ 4	2	3

H	Z	E
6	4	1
+ 2	3	9

H	Z	E
2	9	5
+ 3	0	7

H	Z	E
	9	5
+ 8	2	6

H	Z	E
4	0	6
+ 3	9	5

○

Wie konntest du die Aufgaben lösen? Male passend dazu:

☺ ☺ ☹

② Subtrahiere schriftlich.

H	Z	E
7	8	2
– 2	4	1

H	Z	E
8	0	5
– 3	4	7

H	Z	E
4	2	1
–	8	6

H	Z	E
6	7	4
– 3	3	7

T	H	Z	E
1	0	0	0
–	3	6	9

H	Z	E
6	0	0
– 4	3	5

○

③ Rechne schriftlich. Schreibe richtig untereinander.

748 + 86   328 + 297   407 + 393   634 – 158   902 – 543   300 – 246

(jeweils H Z E Tabelle mit + bzw. – Zeichen)

○

④ Schreibe mit Komma und rechne schriftlich.

5 € + 8 ct + 12,95 €   18 € + 46 ct + 1,21 €   23 € – 7,83 €   42,14 € + 306 ct

⑤ Wandle um. Ergänze die Tabelle.

m			9,03 m			6,80 m
m cm		1 m 20 cm		4 m 8 cm		2 m 44 cm	
cm	700 cm				350 cm		

○

⑥ Zeichne die Strecken.

10 cm 9 mm |——

73 mm |——

○

⑦ Welche Aussagen stimmen? Kreuze an.

Es ist gleich wahrscheinlich, eine rote oder grüne Kugel zu ziehen. ☐

Es ist unmöglich, eine gelbe Kugel zu ziehen. ☐

Es ist wahrscheinlicher, eine grüne als eine blaue Kugel zu ziehen. ☐

Es ist sicher, eine grüne Kugel zu ziehen. ☐

Es ist möglich, eine rote Kugel zu ziehen. ☐

○

Mein Mathebuch 3 – Arbeitsheft © 2015 Cornelsen Schulverlage GmbH, Berlin

1 Blitzgescheit in kurzer Zeit.

3 · 8 = _____ W	95 − 38 = _____ D	27 : 9 = _____ A	65 + 19 = _____ T	36 + 46 = _____ H
8 · 7 = _____ N	48 − 19 = _____ A	36 : 6 = _____ K	37 + 27 = _____ E	6 · 8 = _____ U
100 · 0 = _____ B	81 − 35 = _____ G	18 : 2 = _____ N	88 + 11 = _____ E	64 − 18 = _____
7 · 9 = _____ G	73 − 26 = _____ E	48 : 6 = _____ E	28 + 46 = _____ I	56 : 8 = _____
8 · 9 = _____ W	92 − 47 = _____ A	28 : 7 = _____ L	59 + 22 = _____ C	7 · 6 = _____

_____ _____ _____ _____ _____ _____ _____ _____ _____ _____ _____   _____ _____ _____   _____ _____ _____ _____ _____ _____ _____ _____
0   3   4   6   8   9   24   29   45   46   47   48   56   57   63   64   72   74   81   82   84   99

2 Ordne die Gewichtsangaben passend zu: 2 g, 100 g, 1 kg, 3 kg, 30 kg, 1000 kg.

_____   _____   _____   _____   _____   _____

3 Ordne die Gewichte nach ihrer Größe. Beginne mit dem leichtesten.

1 kg	250 g	65 kg	100 g	100 kg	200 g	230 kg

_____

4 Sara hat eine Woche lang ihren Schulranzen gewogen.
Welche Gewichte braucht sie? Ergänze.

Tag	Gewicht des Schulranzens	Gewichte								
		2 kg	1 kg	500 g	200 g	100 g	50 g	20 g	10 g	5 g
Mo	3 kg 25 g	1	1					1		1
Di	4 kg 100 g									
Mi	3 kg 850 g									
Do	2 kg 950 g									
Fr	4 kg 350 g									

5 a) Wie schwer ist deine Schultasche? Wiege sie von Montag bis Freitag.
Trage in die Tabelle ein.

b) **ICH + DU** Wie schwer ist die Schultasche deines Partnerkindes? Vergleicht.

Sei schlau, pack den Ranzen ganz genau!

	Mo	Di	Mi	Do	Fr
Gewicht	___ kg ___ g	___ kg ___ g	___ kg ___ g	___ kg ___ g	___ kg ___ g
Gewicht nach Überprüfung	___ kg ___ g	___ kg ___ g	___ kg ___ g	___ kg ___ g	___ kg ___ g
eingespart	___ kg ___ g	___ kg ___ g	___ kg ___ g	___ kg ___ g	___ kg ___ g

Mein Mathebuch 3 – Arbeitsheft © 2015 Cornelsen Schulverlage GmbH, Berlin

6 Immer 1 kg. Ergänze.

275 g + _____ R = 1000 g   125 g + _____ N = 1000 g   345 g + _____ E = 1000 g

625 g + _____ U = 1000 g   75 g + _____ S = 1000 g   901 g + _____ D = 1000 g

750 g + _____ E = 1000 g   80 g + _____ A = 1000 g   672 g + _____ S = 1000 g

831 g + _____ I = 1000 g   428 g + _____ P = 1000 g   34 g + _____ E = 1000 g

7 Immer 1000 kg. Ergänze.

750 kg 200 g + _____ S = 1000 kg   129 kg 250 g + _____ Ä = 1000 kg

395 kg 500 g + _____ B = 1000 kg   85 kg 400 g + _____ R = 1000 kg

3 kg 900 g + _____ E = 1000 kg   1 kg 100 g + _____ N = 1000 kg

8 Marie steht auf der Waage. Sie wiegt 29 kg. Ihr kleiner Bruder stellt sich dazu.
Nun zeigt die Waage 55 Kilogramm an.
F: Wie viele kg wiegt Maries kleiner Bruder?

R: _____

A: _____ D

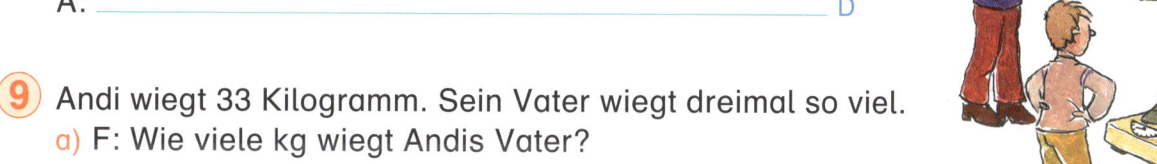

9 Andi wiegt 33 Kilogramm. Sein Vater wiegt dreimal so viel.

a) F: Wie viele kg wiegt Andis Vater?

R: _____

A: _____ I

b) F: Wie viele kg wiegt Andis Mutter, wenn sie doppelt so schwer ist wie Andi?

R: _____

A: _____ S

10 Erkans Mutter wiegt 60 Kilogramm, genau doppelt so viel wie Erkan.
Erkans Vater wiegt dreimal so viel wie sein Sohn.

a) F: Wie viele kg wiegt Erkan?   b) F: Wie viele kg wiegt Erkans Vater?

  R: _____   R: _____

  A: _____   A: _____

               E   E

99 g	169 g	250 g	328 g	375 g	572 g	655 g	725 g	875 g	920 g	925 g	966 g
26 kg	30 kg	66 kg	90 kg	99 kg	249 kg 800 g	604 kg 500 g	870 kg 750 g	914 kg 600 g	996 kg 100 g	998 kg 900 g	

Wie viele Kinder wiegen zusammen so viel wie ein Tiger?
Suche im Internet auch nach dem Gewicht anderer großer Tiere und vergleiche sie mit dem Gewicht eines Kindes.

1 Blitzgescheit in kurzer Zeit.

8 · 60 = _____ E   4 · 60 = _____ S   6 · 60 = _____ H   540 : 60 = _____ R   300 : 60 = _____ I

1 · 60 = _____ E   2 · 60 = _____ H   7 · 60 = _____ N   480 : 60 = _____ E   60 : 60 = _____ I

10 · 60 = _____ L   9 · 60 = _____ L   240 : 60 = _____ E   600 : 60 = _____ G   180 : 60 = _____ Z

5 · 60 = _____ C   3 · 60 = _____ T   420 : 60 = _____ V   120 : 60 = _____ E   360 : 60 = _____ T

D _____ _____ _____ _____ _____ _____   _____ _____ _____ _____ _____ _____ _____   _____ _____ _____ _____ _____ _____ _____ .

   1 2   3   4   5   6   7   8   9   10 60 120 180   240 300 360 420 480 540 600

2 Wie viele Sekunden sind es? Rechne um.

1 min 24 s: _____   5 min 2 s: _____   1 min 15 s: _____

3 min 15 s: _____   10 min 30 s: _____   8 min 19 s: _____

2 min 54 s: _____   7 min 43 s: _____   11 min 11 s: _____

> 📙 Schätze zuerst, überprüfe dann mit der Stoppuhr: Wie lange …
> - … dauert es, die Schuhe zuzubinden?
> - … kannst du auf einem Bein hüpfen?

3 Wie viele Minuten und Sekunden sind es? Rechne um.

240 s: _____   75 s: _____   103 s: _____

366 s: _____   200 s: _____   567 s: _____

519 s: _____   378 s: _____   654 s: _____

4 Immer zwei Zeiten gehören zusammen. Male sie mit der gleichen Farbe an.

| eine Viertelstunde | 75 s | eine Stunde | 30 min |

| 90 s | 60 min | 1 min 30 s | eine halbe Stunde |

| 45 min | 1 min 15 s | eine Dreiviertelstunde | 15 min |

5 Ordne die Zeitspannen der Größe nach. Beginne mit der kürzesten.

| 5 min 60 s | eine halbe Stunde | 85 min | 90 s | 420 s |

| 1 min 40 s | 1 h 20 s | 16 s | 35 min | 8 min 120 s |

_____

_____

6 Rechne.

4 min + 50 s + 20 s = _____   5 min − 80 s − 40 s = _____

7 min + 70 s + 30 s = _____   9 min − 140 s − 10 s = _____

6 min + 90 s + 40 s = _____   8 min − 110 s − 50 s = _____

7 Wie viele Minuten sind vergangen?

 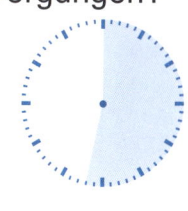  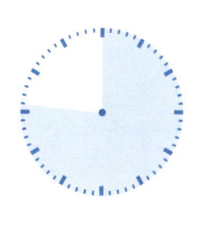

_____ P _____ N _____ I _____ G

8 Wie lange fährt der Zug? Eine Skizze kann dir helfen.

8.15 Uhr bis 9.08 Uhr

_____ min U

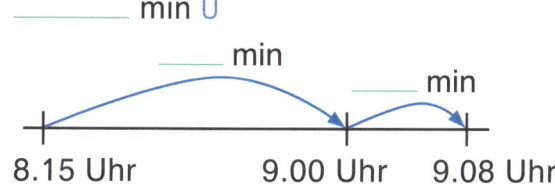

_____ min

_____ min

8.15 Uhr   9.00 Uhr   9.08 Uhr

9.13 Uhr bis 16.09 Uhr

____ h _____ min N

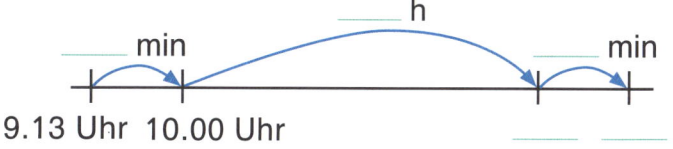

_____ min   h   _____ min

9.13 Uhr 10.00 Uhr

17.46 Uhr bis 2.15 Uhr

____ h _____ min E

_____

9 Ergänze die fehlenden Zeitpunkte und Zeitspannen.

Abfahrt	Dauer	Ankunft
10.36 Uhr	1 h 25 min	C
12.05 Uhr	5 h 27 min	H
A	3 h 42 min	14.58 Uhr
U	1 h 16 min	13.08 Uhr
15.58 Uhr	I	19.04 Uhr
20.17 Uhr	2 h 50 min	N
E	2 h 35 min	23.11 Uhr
0.49 Uhr	4 h 28 min	T

KÖNNEN GUT _____ .

8 min   17 min   32 min   46 min   53 min   3 h 6 min   6 h 56 min   8 h 29 min   5.17 Uhr   11.16 Uhr   11.52 Uhr   12.01 Uhr   17.32 Uhr   20.36 Uhr   23.07 Uhr

Mein Mathebuch 3 – Arbeitsheft © 2015 Cornelsen Schulverlage GmbH, Berlin

1 **ICH + DU + WIR** Erzählt, was Fische alles brauchen.

Grundausstattung
Aquarium, Heizstab, Beleuchtung 249,49 €
Filter 67 €
Kies (5 kg) 4,20 €
Wasseraufbereitungsmittel 3,90 €
Pflanzendünger 5 €

Futter und Zubehör
Futterdose (für 4 Monate) 3,95 €
Pflanzen (Einzelpreis) 4 €

Wels 1,20 €   Schleier-schwanz 80 ct   Guppy ... ct   Neonfische (ab 10 Stück) 2,80 €

2 Ludwig und seine Geschwister wünschen sich ein Aquarium. Sie möchten das Set mit Aquarium, Heizstab und Beleuchtung kaufen sowie die Filteranlage. 7 Pflanzen und einen Pflanzendünger brauchen die Kinder ebenfalls. Futter und Kies können sie von der Tante bekommen, die auch ein Aquarium hat. Sie wollen für den Anfang 2 Welse und 5 Schleierschwänze kaufen. 289 € haben die Kinder bereits gespart.

a) Reicht das Geld? Kannst du das mithilfe einer Überschlagsrechnung herausfinden? Begründe.

Ü: _____

_____

_____

b) F: Wie viel kostet es insgesamt? Rechne genau.

R:

A: _____ P

Was würdest du kaufen? Schreibe eine Rechengeschichte dazu.

Mein Mathebuch 3 – Arbeitsheft © 2015 Cornelsen Schulverlage GmbH, Berlin

Einfache Skizzen

4 Hurra, Ferien! Wie jedes Jahr fährt Fabian mit seiner Mutter nach Spaßburg.
„Im letzten Jahr sind wir um 7.30 Uhr in Rechenberg losgefahren. Nach einer Stunde
mussten wir anhalten, weil ich mal musste. Das dauerte 5 Minuten. Dann ging es weiter.
Von 10.30 Uhr bis 10.45 Uhr machten wir Frühstückspause und tankten. Um 13.00 Uhr
gingen wir zum Mittagessen. Um 13.45 Uhr ging es dann weiter. Dann kam der große
Stau und wir waren endlich um 18.15 Uhr in Spaßburg."

a) F: Wie lange waren Fabian und seine Mutter insgesamt unterwegs?

ICH + DU + WIR ▶ Erstellt eine einfache Skizze (S). Wie geht ihr vor?

S:

A: _____ A

b) F: Wie lange war die reine Fahrzeit?

S:

A: _____ D

5 Fabian mag keine langen Autofahrten. Er geht zum Bahnhof und vergleicht die
Fahrzeiten vom letzten Jahr mit dem Auto mit den Fahrzeiten des Zuges.

a) F: Wie lange wären sie mit der Bahn unterwegs?

S:

> **Rechenberg – Spaßburg:**
> Abfahrt Rechenberg 7.25 Uhr
> Ankunft Siebenstadt 11.17 Uhr
> Abfahrt Siebenstadt 11.32 Uhr
> Ankunft Spaßburg 14.56 Uhr

A: _____ N

b) F: Wie lang ist die reine Fahrzeit?

S:

355,89 €   7 h 16 min   7 h 31 min   9 h 40 min   10 h 45 min

A: _____ A

Mein Mathebuch 3 – Arbeitsheft © 2015 Cornelsen Schulverlage GmbH, Berlin

1 Blitzgescheit in kurzer Zeit.

60 · 6 = _____ T	7 · 20 = _____ Ü	100 · 10 = _____ Z	8 · 40 = _____ H	60 · 8 = _____ H
90 · 6 = _____ N	6 · 40 = _____ S	90 · 5 = _____ C	9 · 20 = _____ E	70 · 7 = _____ U
80 · 7 = _____ D	7 · 90 = _____ K	30 · 9 = _____ I	4 · 70 = _____ C	50 · 4 = _____ R
40 · 4 = _____ B	8 · 80 = _____ U	80 · 9 = _____ R	8 · 50 = _____ L	70 · 6 = _____ I

___ ___ ___ ___ ___ ___ ___ ___ ___ ___ ___ ___   ___ ___ ___   ___ ___ ___ ___

140 160 180 200 240 270 280 320 360 400 420 450 480   490 540 560   630 640 720 1000

2 In der Kegelbergschule gibt es vier dritte Klassen. In die Klasse 3a gehen 14 Mädchen und 13 Jungen. In die 3b gehen 26 Kinder. Es sind genauso viele Mädchen wie Jungen. In die 3c gehen insgesamt 25 Kinder, 9 davon sind Mädchen. In der Klasse 3d sind es sechs Mädchen mehr als Jungen. Insgesamt gehen 28 Kinder in diese Klasse.

Klasse	Mädchen	Jungen	insgesamt
3a			B
3b	A		
3c		U	
3d	N	R	

a) Übertrage die Informationen aus dem Text in die Tabelle. Berechne die fehlenden Informationen.

b) Zeichne ein Schaubild zur Tabelle.

c) **ICH + DU** Stellt euch Fragen zur Tabelle oder zum Schaubild und begründet eure Antworten.

Insgesamt gehen _____ Kinder in die 3. Klasse, weil ...

Ich zeichne pro Kind nur ein halbes Kästchen.

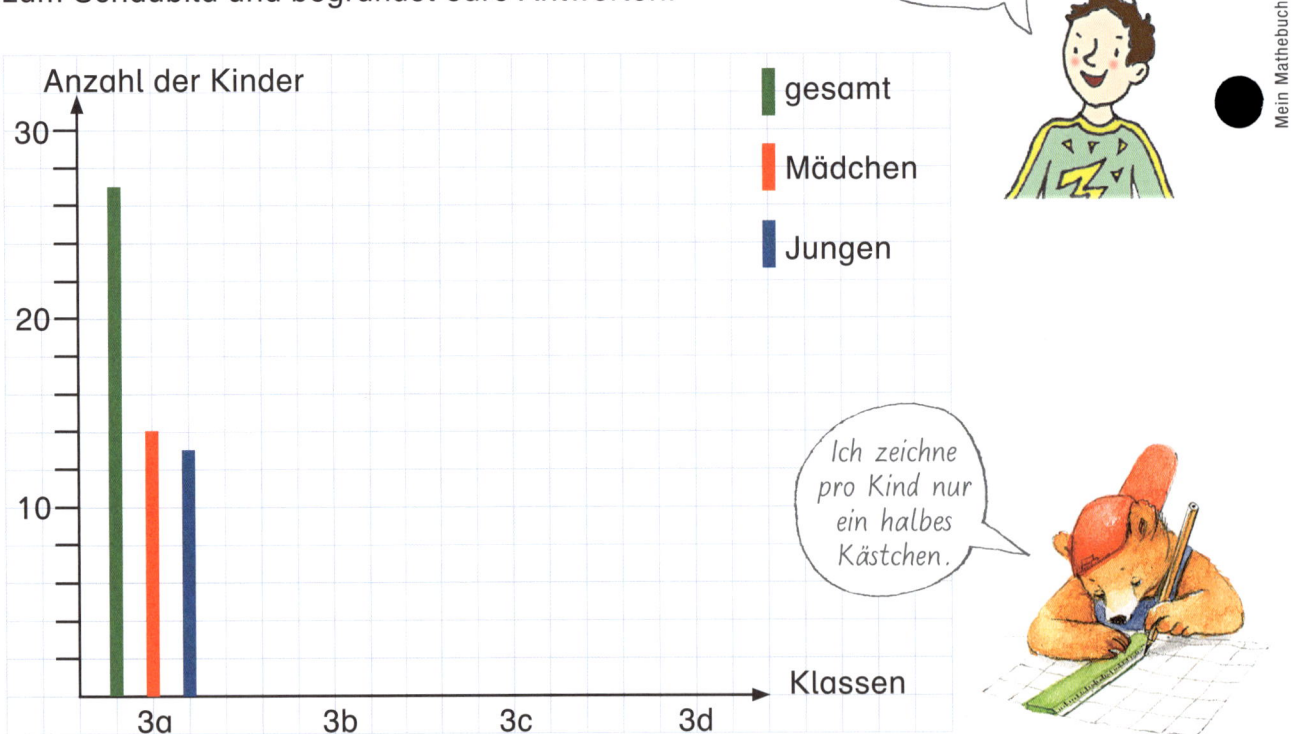

Anzahl der Kinder

gesamt
Mädchen
Jungen

30
20
10

Klassen

3a   3b   3c   3d

Daten aus verschiedenen Quellen entnehmen; Daten in eine geeignete Darstellungsform übertragen

Mein Mathebuch 3 – Arbeitsheft © 2015 Cornelsen Schulverlage GmbH, Berlin

3 a) 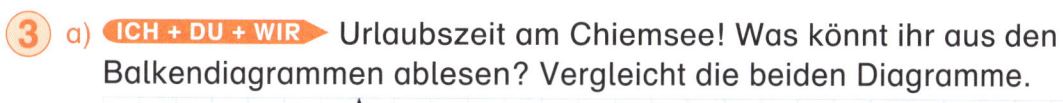 Urlaubszeit am Chiemsee! Was könnt ihr aus den Balkendiagrammen ablesen? Vergleicht die beiden Diagramme.

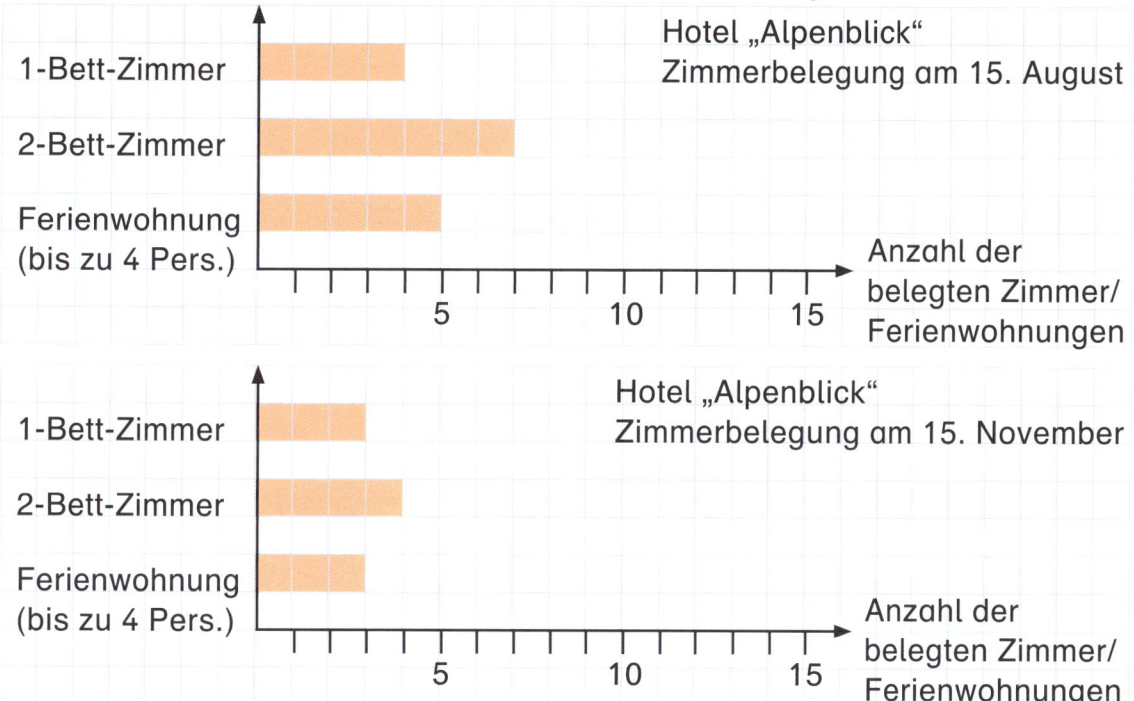

Hotel „Alpenblick"
Zimmerbelegung am 15. August

Hotel „Alpenblick"
Zimmerbelegung am 15. November

b) F: Wie viele Euro nimmt das Hotel am 15. August ein?

R:

A: _____ R

Preisliste (pro Tag)

Hauptsaison (1.7. – 15.9.)
1-Bett-Zimmer 60 €
2-Bett-Zimmer 80 €
Ferienwohnung 100 €

Nebensaison (16.9. – 30. 11.)
1-Bett-Zimmer 50 €
2-Bett-Zimmer 70 €
Ferienwohnung 90 €

c) F: Wie viele Euro nimmt das Hotel am 15. November ein?

R:

Am 15. November haben wir mehr als die Hälfte weniger eingenommen.

A: _____ Ä

d) ICH + DU Kann die Aussage der Hoteldirektorin stimmen? Tauscht euch aus und begründet.

DER B ___ ___ ___ ___ ___ ___ ___ HÄLT IN DEN WINTERMONATEN WINTERRUHE.

11   13   16   17   27   700€ 1300€

Kombinieren und probieren

1 a) **ICH + DU + WIR** Welche Geldbeträge könnt ihr mit jeweils 3 (4, 5) dieser 7 Geldscheine legen? Probiert aus und notiert eure Ergebnisse.

b) Ihr bekommt noch  dazu. Welche Geldbeträge könnt ihr jetzt legen?

2 Immer 530 €! Zeichne 3 verschiedene Möglichkeiten.

Wähle einen eigenen Geldbetrag. Zeichne. Finde verschiedene Möglichkeiten.

3 Zeichne die Geldbeträge mit der vorgegebenen Anzahl an Geldscheinen.
a) 75 €: 7 Geldscheine   b) 230 €: 6 Geldscheine   c) 1000 €: 9 Geldscheine

Mein Mathebuch 3 – Arbeitsheft © 2015 Cornelsen Schulverlage GmbH, Berlin

① Immer 1000 kg. Ergänze.

730 kg 200 g + _____ = 1000 kg

316 kg   38 g + _____ = 1000 kg

89 kg   5 g + _____ = 1000 kg ◯

Wie konntest du die Aufgaben lösen? Male passend dazu:
☺ 😐 ☹

② Ergänze die fehlenden Zeitpunkte und Zeitspannen.

Anfang	8.45 Uhr	12.35 Uhr		14.50 Uhr		18.07 Uhr
Dauer	4 h 10 min		7 h 18 min		47 min	1 h 57 min
Ende		17.32 Uhr	18.03 Uhr	15.24 Uhr	21.04 Uhr	

③ a) Moritz fährt mit dem Zug von Mathehausen nach Meterberg.
Er fährt um 6.10 Uhr ab und kommt um 13.05 Uhr an.
F: Wie lange ist er unterwegs? Eine Skizze kann dir helfen.

R: _____   S:

A: _____

b) Moritz' Vater braucht für die gleiche Strecke mit dem Auto 8 h 45 min.
F: Wie viel länger braucht sein Vater? Eine Skizze kann dir helfen.

R: _____   S:

A: _____

c) F: Wie viele km sind es von Mathehausen nach Meterberg, wenn der Vater 80 km in der Stunde zurücklegt? Die Tabelle hilft dir. Ergänze sie.

1 h	2 h	8 h	30 min	15 min

R: _____

A: _____ ◯

④ Grippewelle in der Tausendstadtschule!
Am Montag sind in der Klasse 3a von den 25 Kindern 7 Kinder krank. In Klasse 3b sind nur 16 von den insgesamt 24 Kindern anwesend. In der 3c sind sogar nur die Hälfte der sonst 26 Kinder da.

Klasse	anwesend	krank	insgesamt
3a			
3b			
3c			

a) Fülle die Tabelle aus.
b) Zeichne ein Schaubild dazu. ◯

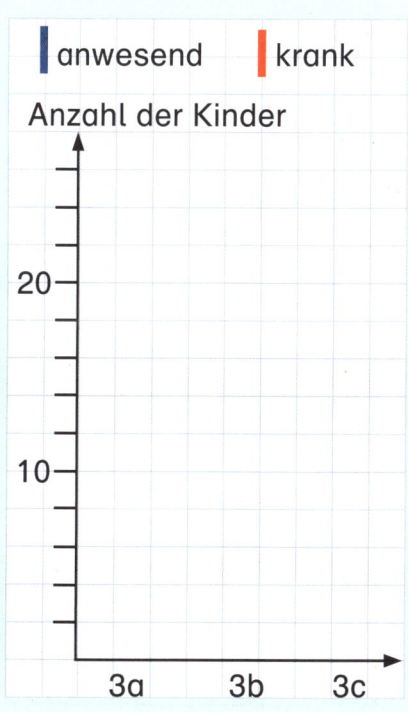

▌anwesend ▌krank

Anzahl der Kinder

20

10

3a   3b   3c

Ausschneidebilder für deinen Mathe-Zoo

Zu jedem Lösungssatz, der am Ende einer ungeraden Arbeitsheftseite steht, gehört ein Tier. Suche auf dem Ausschneidebogen das passende Tier, male es an, schneide es aus und klebe es im Mathe-Zoo ins richtige Gehege.

Schneide entlang der gestrichelten Linien.

Eisbär	Pinguin	Panda	Braunbär
Giraffe	Okapi	Wolf	Schakal
Bison	Chamäleon	Krokodil	Eule
Dromedar	Steppenzebra	Tiger	Nashorn
Fischotter	Esel	Gazelle	Schlange
Löwe	Nilpferd	Affe	Schwein

Mein Mathebuch 3 – Arbeitsheft © 2015 Cornelsen Schulverlage GmbH, Berlin

Rechnen bis 100 mit ⊕ und ⊖

AH Seiten 2 bis 4   MB Seiten 6, 7, 12

Schneide die Kärtchen aus und gib sie in das 1. Fach deiner Mathebox. Rechne jede Aufgabe und überprüfe sie mit der Rückseite. Alles richtig? Dann male den 2. Kreis aus und gib dein Kärtchen ins 2. Fach. Ansonsten bleibt es im 1. Fach. Übe immer wieder bis alle Kärtchen im 5. Fach sind.

Name:

$36 + 60 = \square$

Rechne dazu die 4 Nachbaraufgaben.

Name:

$19 + 35 = \square$

Rechne dazu die 4 Nachbaraufgaben.

Name:

$71 - 30 = \square$

Rechne dazu die 4 Nachbaraufgaben.

Name:

$73 - 59 = \square$

Rechne dazu die 4 Nachbaraufgaben.

Name:

$54 - 28 = \square$

Rechne dazu die 4 Nachbaraufgaben.

Name:

$46 + 7 = \square$

Rechne dazu die 3 verwandten Aufgaben.

Name:

$24 + 62 = \square$

Rechne dazu die 3 verwandten Aufgaben.

Name:

$37 + 48 = \square$

Rechne dazu die 3 verwandten Aufgaben.

Name:

$62 - 8 = \square$

Rechne dazu die 3 verwandten Aufgaben.

Name:

$94 - 31 = \square$

Rechne dazu die 3 verwandten Aufgaben.

Name:

$83 - 56 = \square$

Rechne dazu die 3 verwandten Aufgaben.

Name:

$\square + 39 = 47$

Welche verwandte Aufgabe hilft?

Name:

$\square + 57 = 73$

Welche verwandte Aufgabe hilft?

Name:

$27 + \square = 91$

Welche verwandte Aufgabe hilft?

Name:

$\square - 5 = 39$

Welche verwandte Aufgabe hilft?

Name:

$\square - 32 = 19$

Welche verwandte Aufgabe hilft?

Name:

$84 - \square = 56$

Welche verwandte Aufgabe hilft?

Name:

$18 + 47 + 32 = \square$

Rechne geschickt!

Name:

$83 - 38 - 23 = \square$

Rechne geschickt!

Name:

$76 + 17 - 56 = \square$

Rechne geschickt!

$19 + 35 = \boxed{54}$

Nachbaraufgaben:
$19 + 34 = 53$
$19 + 36 = 55$
$18 + 35 = 53$
$20 + 35 = 55$

$36 + 60 = \boxed{96}$

Nachbaraufgaben:
$36 + 59 = 95$
$36 + 61 = 97$
$35 + 60 = 95$
$37 + 60 = 97$

$54 - 28 = \boxed{26}$

Nachbaraufgaben:
$54 - 27 = 27$
$54 - 29 = 25$
$53 - 28 = 25$
$55 - 28 = 27$

$73 - 59 = \boxed{14}$

Nachbaraufgaben:
$73 - 58 = 15$
$73 - 60 = 13$
$72 - 59 = 13$
$74 - 59 = 15$

$71 - 30 = \boxed{41}$

Nachbaraufgaben:
$71 - 29 = 42$
$71 - 31 = 40$
$70 - 30 = 40$
$72 - 30 = 42$

$37 + 48 = \boxed{85}$

Verwandte Aufgaben:
$48 + 37 = 85$
$85 - 48 = 37$
$85 - 37 = 48$

$24 + 62 = \boxed{86}$

Verwandte Aufgaben:
$62 + 24 = 86$
$86 - 62 = 24$
$86 - 24 = 62$

$46 + 7 = \boxed{53}$

Verwandte Aufgaben:
$7 + 46 = 53$
$53 - 7 = 46$
$53 - 46 = 7$

$83 - 56 = \boxed{27}$

Verwandte Aufgaben:
$83 - 27 = 56$
$27 + 56 = 83$
$56 + 27 = 83$

$94 - 31 = \boxed{63}$

Verwandte Aufgaben:
$94 - 63 = 31$
$63 + 31 = 94$
$31 + 63 = 94$

$62 - 8 = \boxed{54}$

Verwandte Aufgaben:
$62 - 54 = 8$
$54 + 8 = 62$
$8 + 54 = 62$

$27 + \boxed{64} = 91$

Es hilft die verwandte Aufgabe:
$91 - 27 = 64$

$\boxed{16} + 57 = 73$

Es hilft die verwandte Aufgabe:
$73 - 57 = 16$

$\boxed{8} + 39 = 47$

Es hilft die verwandte Aufgabe:
$47 - 39 = 8$

$84 - \boxed{28} = 56$

Es hilft die verwandte Aufgabe:
$84 - 56 = 28$

$\boxed{51} - 32 = 19$

Es hilft die verwandte Aufgabe:
$32 + 19 = 51$

$\boxed{44} - 5 = 39$

Es hilft die verwandte Aufgabe:
$39 + 5 = 44$

$76 + 17 - 56 = \boxed{37}$

Rechne geschickt:

$\boxed{76 - 56} + 17$
$20 + 17 = 37$

$83 - 38 - 23 = \boxed{22}$

Rechne geschickt:

$\boxed{83 - 23} - 38$
$60 - 38 = 22$

$18 + 47 + 32 = \boxed{97}$

Rechne geschickt:

$\boxed{18 + 32} + 47$
$50 + 47 = 97$

Einmaleinstraining

AH Seiten 7 bis 11 MB Seiten 14 bis 21

 Name:

$9 \cdot 2 = \square$

Rechne dazu die
3 verwandten Aufgaben.

 Name:

$7 \cdot 5 = \square$

Rechne dazu die
3 verwandten Aufgaben.

 Name:

$4 \cdot 10 = \square$

Rechne dazu die
3 verwandten Aufgaben.

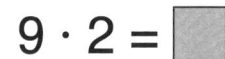 Name:

$3 \cdot 4 = \square$

Rechne dazu die
3 verwandten Aufgaben.

Name:

$6 \cdot 4 = \square$

Rechne dazu die
3 verwandten Aufgaben.

Name:

$8 \cdot 4 = \square$

Rechne dazu die
3 verwandten Aufgaben.

 Name:

$2 \cdot 8 = \square$

Rechne dazu die
3 verwandten Aufgaben.

 Name:

$7 \cdot 8 = \square$

Rechne dazu die
3 verwandten Aufgaben.

Name:

$9 \cdot 8 = \square$

Rechne dazu die
3 verwandten Aufgaben.

Name:

$5 \cdot 3 = \square$

Rechne dazu die
3 verwandten Aufgaben.

 Name:

$6 \cdot 3 = \square$

Rechne dazu die
3 verwandten Aufgaben.

Name:

$7 \cdot 3 = \square$

Rechne dazu die
3 verwandten Aufgaben.

 Name:

$2 \cdot 6 = \square$

Rechne dazu die
3 verwandten Aufgaben.

Name:

$8 \cdot 6 = \square$

Rechne dazu die
3 verwandten Aufgaben.

Name:

$9 \cdot 6 = \square$

Rechne dazu die
3 verwandten Aufgaben.

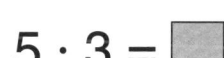 Name:

$4 \cdot 9 = \square$

Rechne dazu die
3 verwandten Aufgaben.

Name:

$5 \cdot 9 = \square$

Rechne dazu die
3 verwandten Aufgaben.

Name:

$7 \cdot 9 = \square$

Rechne dazu die
3 verwandten Aufgaben.

 Name:

$4 \cdot 7 = \square$

Rechne dazu die
3 verwandten Aufgaben.

 Name:

$6 \cdot 7 = \square$

Rechne dazu die
3 verwandten Aufgaben.

 Name:

$10 \cdot 7 = \square$

Rechne dazu die
3 verwandten Aufgaben.

Hier findest du die Lösungen.

$4 \cdot 10 = \boxed{40}$

Verwandte Aufgaben:
$10 \cdot 4 = 40$
$40 : 4 = 10$
$40 : 10 = 4$

$7 \cdot 5 = \boxed{35}$

Verwandte Aufgaben:
$5 \cdot 7 = 35$
$35 : 7 = 5$
$35 : 5 = 7$

$9 \cdot 2 = \boxed{18}$

Verwandte Aufgaben:
$2 \cdot 9 = 18$
$18 : 9 = 2$
$18 : 2 = 9$

$8 \cdot 4 = \boxed{32}$

Verwandte Aufgaben:
$4 \cdot 8 = 32$
$32 : 8 = 4$
$32 : 4 = 8$

$6 \cdot 4 = \boxed{24}$

Verwandte Aufgaben:
$4 \cdot 6 = 24$
$24 : 6 = 4$
$24 : 4 = 6$

$3 \cdot 4 = \boxed{12}$

Verwandte Aufgaben:
$4 \cdot 3 = 12$
$12 : 3 = 4$
$12 : 4 = 3$

$9 \cdot 8 = \boxed{72}$

Verwandte Aufgaben:
$8 \cdot 9 = 72$
$72 : 9 = 8$
$72 : 8 = 9$

$7 \cdot 8 = \boxed{56}$

Verwandte Aufgaben:
$8 \cdot 7 = 56$
$56 : 7 = 8$
$56 : 8 = 7$

$2 \cdot 8 = \boxed{16}$

Verwandte Aufgaben:
$8 \cdot 2 = 16$
$16 : 2 = 8$
$16 : 8 = 2$

$7 \cdot 3 = \boxed{21}$

Verwandte Aufgaben:
$3 \cdot 7 = 21$
$21 : 7 = 3$
$21 : 3 = 7$

$6 \cdot 3 = \boxed{18}$

Verwandte Aufgaben:
$3 \cdot 6 = 18$
$18 : 6 = 3$
$18 : 3 = 6$

$5 \cdot 3 = \boxed{15}$

Verwandte Aufgaben:
$3 \cdot 5 = 15$
$15 : 5 = 3$
$15 : 3 = 5$

$9 \cdot 6 = \boxed{54}$

Verwandte Aufgaben:
$6 \cdot 9 = 54$
$54 : 9 = 6$
$54 : 6 = 9$

$8 \cdot 6 = \boxed{48}$

Verwandte Aufgaben:
$6 \cdot 8 = 48$
$48 : 8 = 6$
$48 : 6 = 8$

$2 \cdot 6 = \boxed{12}$

Verwandte Aufgaben:
$6 \cdot 2 = 12$
$12 : 2 = 6$
$12 : 6 = 2$

$7 \cdot 9 = \boxed{63}$

Verwandte Aufgaben:
$9 \cdot 7 = 63$
$63 : 7 = 9$
$63 : 9 = 7$

$5 \cdot 9 = \boxed{45}$

Verwandte Aufgaben:
$9 \cdot 5 = 45$
$45 : 5 = 9$
$45 : 9 = 5$

$4 \cdot 9 = \boxed{36}$

Verwandte Aufgaben:
$9 \cdot 4 = 36$
$36 : 4 = 9$
$36 : 9 = 4$

$10 \cdot 7 = \boxed{70}$

Verwandte Aufgaben:
$7 \cdot 10 = 70$
$70 : 10 = 7$
$70 : 7 = 10$

$6 \cdot 7 = \boxed{42}$

Verwandte Aufgaben:
$7 \cdot 6 = 42$
$42 : 6 = 7$
$42 : 7 = 6$

$4 \cdot 7 = \boxed{28}$

Verwandte Aufgaben:
$7 \cdot 4 = 28$
$28 : 4 = 7$
$28 : 7 = 4$

Malnehmen und Teilen

A H Seiten 7 bis 12   M B Seiten 14 bis 23

$17 = \square \cdot \square + 8$

Finde 3 passende
Aufgaben.

$17 = \square \cdot \square + 5$

Finde 4 passende
Aufgaben.

$30 = \square \cdot \square + 6$

Finde 4 passende
Aufgaben.

$19 = \square \cdot \square + 3$

Finde 3 passende
Aufgaben.

$34 = \square \cdot \square + 4$

Finde 4 passende
Aufgaben.

$43 = \square \cdot \square + 7$

Finde 3 passende
Aufgaben.

$27 : 3 = \square$

Rechne und
mache die Probe!

$32 : 4 = \square$

Rechne und
mache die Probe!

$42 : 6 = \square$

Rechne und
mache die Probe!

$56 : 7 = \square$

Rechne und
mache die Probe!

$24 : 8 = \square$

Rechne und
mache die Probe!

$63 : 9 = \square$

Rechne und
mache die Probe!

$7 : 2 = \square \ R \ \square$

Rechne und
mache die Probe!

$21 : 5 = \square \ R \ \square$

Rechne und
mache die Probe!

$35 : 10 = \square \ R \ \square$

Rechne und
mache die Probe!

$53 : 7 = \square \ R \ \square$

Rechne und
mache die Probe!

$25 : 9 = \square \ R \ \square$

Rechne und
mache die Probe!

$46 : 8 = \square \ R \ \square$

Rechne und
mache die Probe!

Multipliziere die Zahl 4
mit der Zahl 7.

Dividiere die Zahl 24
durch die Zahl 6.

Multipliziere die Zahl 3 mit der
Zahl 8 und dividiere das Ergebnis
durch die Zahl 4.

Hier findest du die Lösungen.

$30 = \boxed{3} \cdot \boxed{8} + 6$
$30 = \boxed{4} \cdot \boxed{6} + 6$
$30 = \boxed{6} \cdot \boxed{4} + 6$
$30 = \boxed{8} \cdot \boxed{3} + 6$

$17 = \boxed{2} \cdot \boxed{6} + 5$
$17 = \boxed{3} \cdot \boxed{4} + 5$
$17 = \boxed{4} \cdot \boxed{3} + 5$
$17 = \boxed{6} \cdot \boxed{2} + 5$

$17 = \boxed{1} \cdot \boxed{9} + 8$
$17 = \boxed{3} \cdot \boxed{3} + 8$
$17 = \boxed{9} \cdot \boxed{1} + 8$

$43 = \boxed{4} \cdot \boxed{9} + 7$
$43 = \boxed{6} \cdot \boxed{6} + 7$
$43 = \boxed{9} \cdot \boxed{4} + 7$

$34 = \boxed{3} \cdot \boxed{10} + 4$
$34 = \boxed{5} \cdot \boxed{6} + 4$
$34 = \boxed{6} \cdot \boxed{5} + 4$
$34 = \boxed{10} \cdot \boxed{3} + 4$

$19 = \boxed{2} \cdot \boxed{8} + 3$
$19 = \boxed{4} \cdot \boxed{4} + 3$
$19 = \boxed{8} \cdot \boxed{2} + 3$

$42 : 6 = \boxed{7}$
P: $7 \cdot 6 = 42$

$32 : 4 = \boxed{8}$
P: $8 \cdot 4 = 32$

$27 : 3 = \boxed{9}$
P: $9 \cdot 3 = 27$

$63 : 9 = \boxed{7}$
P: $7 \cdot 9 = 63$

$24 : 8 = \boxed{3}$
P: $3 \cdot 8 = 24$

$56 : 7 = \boxed{8}$
P: $8 \cdot 7 = 56$

$35 : 10 = \boxed{3} \ R \ \boxed{5}$
P: $\widehat{(3 \cdot 10)} + 5 = 35$
      30

$21 : 5 = \boxed{4} \ R \ \boxed{1}$
P: $\widehat{(4 \cdot 5)} + 1 = 21$
      20

$7 : 2 = \boxed{3} \ R \ \boxed{1}$
P: $\widehat{(3 \cdot 2)} + 1 = 7$
      6

$46 : 8 = \boxed{5} \ R \ \boxed{6}$
P: $\widehat{(5 \cdot 8)} + 6 = 46$
      40

$25 : 9 = \boxed{2} \ R \ \boxed{7}$
P: $\widehat{(2 \cdot 9)} + 7 = 25$
      18

$53 : 7 = \boxed{7} \ R \ \boxed{4}$
P: $\widehat{(7 \cdot 7)} + 4 = 53$
      49

$3 \cdot 8 = 24$
$24 : 4 = \boxed{6}$

$24 : 6 = \boxed{4}$

$4 \cdot 7 = \boxed{28}$

Die Zahlen bis 1000

A H Seite 19   M B Seiten 36, 37

Zeichne die Zahl 486.

Zeichne die Zahl 540.

Zeichne die Zahl 608.

Zeichne die Zahl 64.

Zeichne die Zahl 347.

Zeichne die Zahl 1001.

Welche Zahl ist es?

Welche Zahl ist es?

Welche Zahl ist es?

Welche Zahl ist es?

Welche Zahl ist es?

Welche Zahl ist es?

Schreibe die Zahl.

9H 5Z 8E

Schreibe die Zahl.

5Z 7E

Schreibe die Zahl.

7H 2E

Schreibe die Zahl.

8Z 1E 3H

Schreibe die Zahl.

9E 8H

Schreibe die Zahl.

2Z 4H

Schreibe die Zahl.

siebenhundert-
sechsundfünfzig

Schreibe die Zahl.

fünfhundert-
vierundneunzig

Schreibe die Zahl.

zweihundertacht

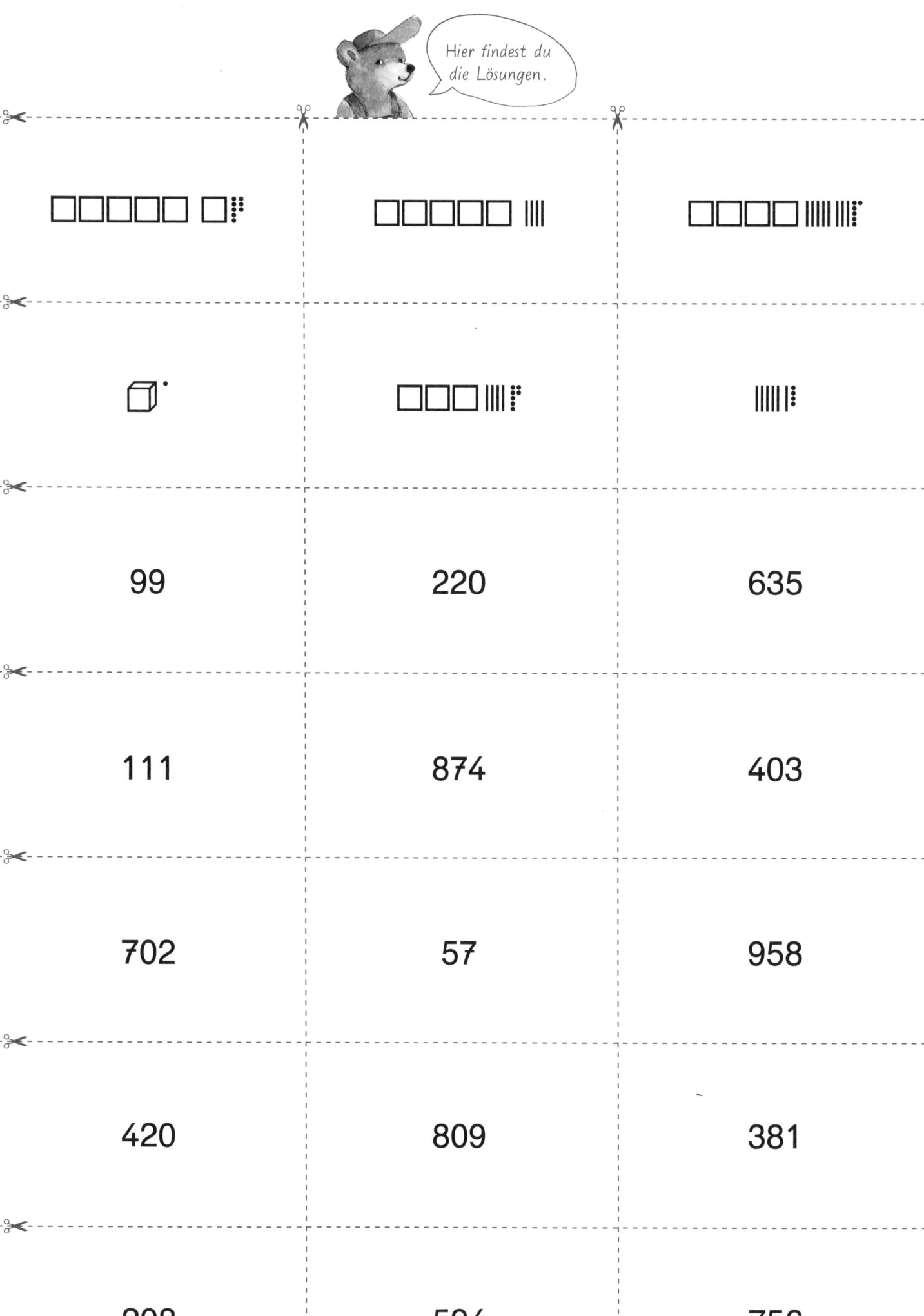

Hier findest du die Lösungen.

□□□□□ □⫶	□□□□□ ‖‖	□□□□ ‖‖‖‖‖⫶
▱ ·	□□□ ‖‖‖‖⫶	‖‖‖‖‖⫶
99	220	635
111	874	403
702	57	958
420	809	381
208	594	756

Rechnen bis 1000 mit ⊕ und ⊖

A H Seiten 24, 25   M B Seiten 45 bis 49

Name:

$421 + 8 = \square$

Name:

$316 + 40 = \square$

Name:

$789 + 200 = \square$

Name:

$257 + 6 = \square$

Name:

$619 + 74 = \square$

Name:

$214 + 421 = \square$

Name:

$468 + 291 = \square$

Name:

$347 + 129 = \square$

Name:

$536 + 375 = \square$

Name:

$358 - 6 = \square$

Name:

$745 - 30 = \square$

Name:

$541 - 500 = \square$

Name:

$872 - 8 = \square$

Name:

$694 - 29 = \square$

Name:

$483 - 342 = \square$

Name:

$713 - 452 = \square$

Name:

$352 - 239 = \square$

Name:

$964 - 687 = \square$

Name:

$345 + \square = 521$

Welche verwandte
Aufgabe hilft?

Name:

$\square + 294 = 812$

Welche verwandte
Aufgabe hilft?

Name:

$\square - 568 = 394$

Welche verwandte
Aufgabe hilft?

Hier findest du die Lösungen.

$789 + 200 = \boxed{989}$

$316 + 40 = \boxed{356}$

$421 + 8 = \boxed{429}$

$214 + 421 = \boxed{635}$

$619 + 74 = \boxed{693}$

$257 + 6 = \boxed{263}$

$536 + 375 = \boxed{911}$

$347 + 129 = \boxed{476}$

$468 + 291 = \boxed{759}$

$541 - 500 = \boxed{41}$

$745 - 30 = \boxed{715}$

$358 - 6 = \boxed{352}$

$483 - 342 = \boxed{141}$

$694 - 29 = \boxed{665}$

$872 - 8 = \boxed{864}$

$964 - 687 = \boxed{277}$

$352 - 239 = \boxed{113}$

$713 - 452 = \boxed{261}$

$\boxed{962} - 568 = 394$

$\boxed{518} + 294 = 812$

$345 + \boxed{176} = 521$

Es hilft die verwandte Aufgabe:
$568 + 394 = 962$

Es hilft die verwandte Aufgabe:
$812 - 294 = 518$

Es hilft die verwandte Aufgabe:
$521 - 345 = 176$

Multiplizieren und Dividieren
mit 10, 100 und Zehnerzahlen

AH Seiten 26, 27   MB Seiten 50 bis 53

FA 6

Name:

$30 \cdot 10 = \square$

Rechne dazu die
3 verwandten Aufgaben.

Name:

$7 \cdot 100 = \square$

Rechne dazu die
3 verwandten Aufgaben.

Name:

$43 \cdot 10 = \square$

Rechne dazu die
3 verwandten Aufgaben.

Name:

$26 \cdot 10 = \square$

Rechne dazu die
3 verwandten Aufgaben.

Name:

$6 \cdot 40 = \square$

Rechne dazu die
3 verwandten Aufgaben.

Name:

$3 \cdot 300 = \square$

Rechne dazu die
3 verwandten Aufgaben.

Name:

Schreibe mindestens
4 Multiplikationsaufgaben
mit dem Ergebnis 180.

Name:

Schreibe mindestens
4 Multiplikationsaufgaben
mit dem Ergebnis 480.

Name:

Schreibe mindestens
4 Multiplikationsaufgaben
mit dem Ergebnis 630.

Name:

$80 : 10 = \square$

Rechne dazu die
3 verwandten Aufgaben.

Name:

$700 : 10 = \square$

Rechne dazu die
3 verwandten Aufgaben.

Name:

$500 : 100 = \square$

Rechne dazu die
3 verwandten Aufgaben.

Name:

$310 : 10 = \square$

Rechne dazu die
3 verwandten Aufgaben.

Name:

$470 : 10 = \square$

Rechne dazu die
3 verwandten Aufgaben.

Name:

$1000 : 10 = \square$

Rechne dazu die
3 verwandten Aufgaben.

Name:

Schreibe mindestens
4 Divisionsaufgaben mit
der Ausgangszahl 720.

Name:

Schreibe mindestens
4 Divisionsaufgaben mit
der Ausgangszahl 420.

Name:

Schreibe mindestens
4 Divisionsaufgaben mit
der Ausgangszahl 540.

Name:

$400 : 90 = \square \ R \ \square$

Rechne auch die
Umkehraufgabe.

Name:

$270 : 40 = \square \ R \ \square$

Rechne auch die
Umkehraufgabe.

Name:

$340 : 70 = \square \ R \ \square$

Rechne auch die
Umkehraufgabe.

$43 \cdot 10 = \boxed{430}$

Verwandte Aufgaben:
$10 \cdot 43 = 430$
$430 : 10 = 43$
$430 : 43 = 10$

$7 \cdot 100 = \boxed{700}$

Verwandte Aufgaben:
$100 \cdot 7 = 700$
$700 : 100 = 7$
$700 : 7 = 100$

$30 \cdot 10 = \boxed{300}$

Verwandte Aufgaben:
$10 \cdot 30 = 300$
$300 : 10 = 30$
$300 : 30 = 10$

$3 \cdot 300 = \boxed{900}$

Verwandte Aufgaben:
$300 \cdot 3 = 900$
$900 : 300 = 3$
$900 : 3 = 300$

$6 \cdot 40 = \boxed{240}$

Verwandte Aufgaben:
$40 \cdot 6 = 240$
$240 : 40 = 6$
$240 : 6 = 40$

$26 \cdot 10 = \boxed{260}$

Verwandte Aufgaben:
$10 \cdot 26 = 260$
$260 : 10 = 26$
$260 : 26 = 10$

630

$630 = 7 \cdot 90 \qquad 630 = 90 \cdot 7$
$630 = 9 \cdot 70 \qquad 630 = 70 \cdot 9$
$630 = 10 \cdot 63 \qquad 630 = 63 \cdot 10$

480

$480 = 6 \cdot 80 \qquad 480 = 80 \cdot 6$
$480 = 8 \cdot 60 \qquad 480 = 60 \cdot 8$
$480 = 10 \cdot 48 \qquad 480 = 48 \cdot 10$

180

$180 = 2 \cdot 90 \qquad 180 = 90 \cdot 2$
$180 = 3 \cdot 60 \qquad 180 = 60 \cdot 3$
$180 = 10 \cdot 18 \qquad 180 = 18 \cdot 10$

$500 : 100 = \boxed{5}$

Verwandte Aufgaben:
$500 : 5 = 100$
$5 \cdot 100 = 500$
$100 \cdot 5 = 500$

$700 : 10 = \boxed{70}$

Verwandte Aufgaben:
$700 : 70 = 10$
$70 \cdot 10 = 700$
$10 \cdot 70 = 700$

$80 : 10 = \boxed{8}$

Verwandte Aufgaben:
$80 : 8 = 10$
$8 \cdot 10 = 80$
$10 \cdot 8 = 80$

$1000 : 10 = \boxed{100}$

Verwandte Aufgaben:
$1000 : 100 = 10$
$100 \cdot 10 = 1000$
$10 \cdot 100 = 1000$

$470 : 10 = \boxed{47}$

Verwandte Aufgaben:
$470 : 47 = 10$
$47 \cdot 10 = 470$
$10 \cdot 47 = 470$

$310 : 10 = \boxed{31}$

Verwandte Aufgaben:
$310 : 31 = 10$
$31 \cdot 10 = 310$
$10 \cdot 31 = 310$

540

$540 : 6 = 90 \qquad 540 : 90 = 6$
$540 : 9 = 60 \qquad 540 : 60 = 9$
$540 : 10 = 54 \qquad 540 : 54 = 10$

420

$420 : 6 = 70 \qquad 420 : 70 = 6$
$420 : 7 = 60 \qquad 420 : 60 = 7$
$420 : 10 = 42 \qquad 420 : 42 = 10$

720

$720 : 8 = 90 \qquad 720 : 90 = 8$
$720 : 9 = 80 \qquad 720 : 80 = 9$
$720 : 10 = 72 \qquad 720 : 72 = 10$

$340 : 70 = \boxed{4} \text{ R } \boxed{60}$

denn

$\boxed{(4 \cdot 70)} + 60 = 340$
280

$270 : 40 = \boxed{6} \text{ R } \boxed{30}$

denn

$\boxed{(6 \cdot 40)} + 30 = 270$
240

$400 : 90 = \boxed{4} \text{ R } \boxed{40}$

denn

$\boxed{(4 \cdot 90)} + 40 = 400$
360

Geld

A H Seiten 28, 29   M B Seiten 54 bis 57

Wie viel Geld ist es?

Wie viel Geld ist es?

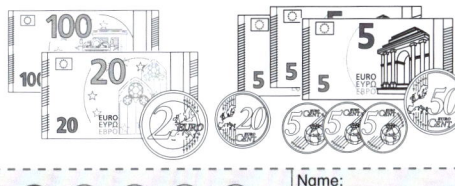

Wie viel Geld ist es?

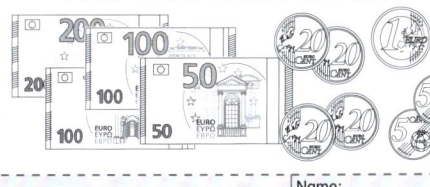

Schreibe mit Komma.

426 € 14 ct

Schreibe mit Komma.

254 € 20 ct

Schreibe mit Komma.

772 € 1 ct

Schreibe mit Komma.

73 ct

Schreibe mit Komma.

160 € 6 ct

Schreibe mit Komma.

9 € 89 ct

Runde auf volle Euro.

23,71 €

Runde auf volle Euro.

49,03 €

Runde auf volle Euro.

102,12 €

Runde auf volle Euro.

951,75 €

Runde auf volle Euro.

567,38 €

Runde auf volle Euro.

389,50 €

Wie viele Euro bekommst du zurück?

8,95 €

Wie viele Euro bekommst du zurück?

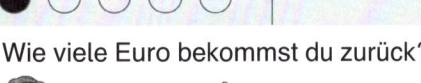

12,45 €   9,99 €

Wie viele Euro bekommst du zurück?

186,75 €

Wie viele Euro bekommst du zurück?

29,90 €   20,25 €

Wie viele Euro bekommst du zurück?

149 €   19,98 €

Wie viele Euro bekommst du zurück?

54,79 €   18,50 €   31,85 €

Hier findest du die Lösungen.

451,90 €	137,85 €	112,60 €
772,01 €	254,20 €	426,14 €
9,89 €	160,06 €	0,73 €
102,00 €	49,00 €	24,00 €
390,00 €	567,00 €	952,00 €

Rückgeld: 13,25 €	Es kostet: 22,44 € Rückgeld: 77,56 €	Rückgeld: 41,05 €
Es kostet: 105,14 € Rückgeld: 44,86 €	Es kostet: 168,98 € Rückgeld: 31,02 €	Es kostet: 50,15 € Rückgeld: 49,85 €

Sachrechnen 1

Name:

Bäuerin Resi verkauft auf dem Markt Eier. Am Anfang hatte sie 215 Stück, nach Verkaufsende hatte sie noch 36 Eier.
F: Wie viele Eier hat sie verkauft?

Name:

Bauer Salato und seine Frau ernten Salat. Er hat schon 68 Salatköpfe eingepackt. Insgesamt erntet das Ehepaar 114 Salatköpfe.
F: Wie viele Salatköpfe erntet Frau Salato?

Name:

Bauer Wollo hat 213 Schafe. Davon muss er noch 78 Schafe scheren.
F: Wie viele Schafe sind bereits geschoren?

Name:

Bauer Salato verpackt 72 Salatköpfe. In einer Kiste haben 8 Salatköpfe Platz.
F: Wie viele Kisten werden voll?

Name:

Frau Salato verpackt 63 Salatköpfe. In einer Kiste haben 8 Salatköpfe Platz.
F: Wie viele Kisten braucht sie?

Name:

Frau Salato pflanzt 24 Salatsetzlinge in gleichmäßigen Reihen ins Beet.
F: Wie viele Setzlinge können jeweils in einer Reihe sein?
Wie viele Reihen werden es?

Name:

Bauer Gackstätter hat 9 Schafe und 4 Hühner.
F: Wie viele Beine haben die Tiere zusammen?

Name:

In Bauer Wollos Stall sind Schafe und Enten. Zusammen haben sie 24 Beine.
F: Wie viele Schafe und wie viele Enten können es sein?

Name:

Auf der Weide stehen Kühe und Gänse. Zusammen haben sie 42 Beine.
F: Wie viele Kühe und Gänse können es sein?

Name:

Bäuerin Resi verkauft auf dem Markt 8 Schachteln mit 6 Eiern.
F: Wie viele Eier verkauft sie?

Name:

Bäuerin Resi verpackt 52 Eier. Sie packt 1 Schachtel mit 10 Eiern. Die restlichen Eier verpackt sie in 6er-Schachteln.
F: Wie viele 6er-Schachteln packt sie?

Name:

Bäuerin Resi verpackt 58 Eier in 6er-Schachteln.
F: Wie viele 6er-Schachteln packt sie? Wie viele Eier bleiben übrig?

Name:

Eine Schachtel mit 6 Eiern kostet 2 € 50 ct. Bäuerin Resi verkauft 10 Schachteln.
F: Wie viele Euro nimmt sie ein?

Name:

Herr Bäcker kauft 3 Bauernbrote und 6 Brezeln. Ein Bauernbrot kostet 1,50 €, eine Brezel 80 ct.
F: Wie viele Euro kosten die Backwaren zusammen?

Name:

Auf dem Markt kostet ein Salatkopf 70 ct. Nach einer Stunde hat Bauer Salato 5,60 € eingenommen.
F: Wie viele Salatköpfe hat Bauer Salato in einer Stunde verkauft?

Name:

Bauer Fleiß zäunt eine rechteckige Kuhweide ein. Die Weide ist 64 m lang und 23 m breit.
F: Wie viele Meter Zaun benötigt er?

Name:

Bauer Fleiß arbeitet jeden Tag von 6 Uhr bis 22 Uhr auf seinem Bauernhof. Mittags macht er von 12 Uhr bis 14 Uhr eine Pause.
F: Wie viele Stunden arbeitet er am Tag?

Name:

Resi freut sich auf den Bauernmarkt am 16. März. Heute ist Montag, der 4. März.
F: Wie viele Tage muss Resi noch warten? An welchem Wochentag ist der Markt?

Name:

Bauer Schur misst die Größe seiner Schafe. Schaf Frida ist 68 cm groß. Der Schafbock Fridolin ist 14 cm größer.
F: Wie groß ist Schafbock Fridolin?

Name:

Der Größenunterschied zweier Schafe beträgt 18 cm. Das größere Schaf ist 85 cm groß.
F: Wie groß ist das kleinere Schaf?

Name:

Bauer Gackstätter verkauft am Montag 34 Hühner, am Dienstag 42 Hühner, am Mittwoch 29 Hühner, am Donnerstag 37 Hühner und am Freitag 54 Hühner.
F: Wie viele Hühner hat er in der Woche insgesamt verkauft?

R: 213 − 78 = **135**
A: 135 Schafe sind bereits
   geschoren.

R: 68 + **46** = 114
A: 46 Salatköpfe erntet Frau
   Salato.

R: 215 − **179** = 36
A: 179 Eier hat sie verkauft.

So viele Reihen und Setzlinge pro
Reihe können es sein:

Reihen	1	2	3	4	6	8	12	24
Setzlinge	24	12	8	6	4	3	2	1

R: 63 : 8 = **7 R 7**
A: 8 Kisten braucht sie.

R: 72 : 8 = **9**
A: 9 Kisten werden voll.

So viele Kühe und Gänse können
es sein:

Kühe	1	2	3	4	5	6	7	8	9	10
Gänse	19	17	15	13	11	9	7	5	3	1

So viele Schafe und Enten können
es sein:

Schafe	1	2	3	4	5
Enten	10	8	6	4	2

R: 9 · 4 = 36   4 · 2 = 8
   36 + 8 = **44**
A: 44 Beine haben die Tiere
   zusammen.

R: 58 : 6 = **9 R 4**
A: 9 6er-Schachteln packt sie.
   4 Eier bleiben übrig.

R: 52 − 10 = 42
   42 : 6 = **7**
A: 7 6er-Schachteln packt sie.

R: 8 · 6 = **48**
A: 48 Eier verkauft sie.

R: 5,60 € = 560 ct
   560 ct : 70 ct = **8**
A: 8 Salatköpfe hat Bauer Salato
   in einer Stunde verkauft.

R: 1,50 € = 150 ct
   3 · 150 ct = 450 ct
   6 · 80 ct = 480 ct
   450 ct + 480 ct = 930 ct = **9,30 €**
A: 9,30 € kosten die Backwaren
   zusammen.

R: 10 · 2 € = 20 €
   10 · 50 ct = 500 ct
   500 ct = 5,00 €
   20 € + 5 € = **25 €**
A: 25 Euro nimmt sie ein.

R: 4. März $\xrightarrow{\text{+ 12 Tage}}$ 16. März
   12 : 7 = 1 R 5 (1 Woche 5 Tage)
A: 12 Tage muss Resi noch
   warten. Der Markt ist an einem
   Samstag.

R: 6 Uhr $\xrightarrow{\text{+ 16 h}}$ 22 Uhr

   12 Uhr $\xrightarrow{\text{+ 2 h}}$ 14 Uhr
   16 h − 2 h = **14 h**
A: 14 Stunden arbeitet er am Tag.

R: 64 m + 64 m + 23 m + 23 m
   = **174 m**
A: 174 m Zaun benötigt er.

R: 34 + 42 + 29 + 37 + 54 = **196**
A: 196 Hühner hat er in der Woche
   insgesamt verkauft.

R: 85 cm − 18 cm = **67 cm**
A: 67 cm groß ist das kleinere
   Schaf.

R: 68 cm + 14 cm = **82 cm**
A: 82 cm groß ist Schafbock
   Fridolin.

Flächen- und Körperformen / Würfelnetze

AH Seiten 34, 38   MB Seiten 64, 70 bis 72

Name:

Name: _____
Anzahl rechter
Winkel: _____

Name:

Name: _____
Anzahl rechter
Winkel: _____

Name:

Name: _____
Anzahl rechter
Winkel: _____

Name:

Name: _____
Anzahl rechter
Winkel: _____

Name:

Name: _____
Anzahl rechter
Winkel: _____

Name:

Name: _____
Anzahl rechter
Winkel: _____

Name:

Mein Körper hat als Grundfläche
und als Deckfläche ein Quadrat.
Auch die Seitenflächen sind
Quadrate.

Name:

Mein Körper hat als Grundfläche
einen Kreis und keine Deckfläche.

Name:

Mein Körper hat als Grundfläche
und als Deckfläche ein Dreieck.
Die Seitenflächen sind Rechtecke.

Name:

Mein Körper hat als Grundfläche
und als Deckfläche einen Kreis.

Name:

Mein Körper hat als Grundfläche
ein Quadrat. Die vier Seitenflächen
sind Dreiecke.

Name:

Mein Körper hat nur rechteckige
Flächen. Die Grundfläche und die
Deckfläche sind gleich groß.

Name:

Aus welchem Netz kannst du
einen Würfel falten?

A   B

Name:

Aus welchem Netz kannst du
einen Würfel falten?

A   B

Name:

Aus welchem Netz kannst du
einen Würfel falten?

A   B

Name:

Welche Fläche
liegt beim
gefalteten
Würfel
gegenüber?

A B
C
D
E

Name:

Welche Fläche
liegt beim
gefalteten
Würfel
gegenüber?

A B
C   D
E

Name:

Welche Fläche
liegt beim
gefalteten
Würfel
gegenüber?

A
B C
D
E

Name:

Welche Fläche
liegt beim
gefalteten
Würfel
gegenüber?

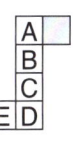

A
B
C
E D

Name:

Welche Fläche
liegt beim
gefalteten
Würfel
gegenüber?

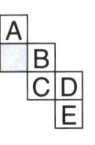

A
B
C D
E

Name:

Welche Fläche
liegt beim
gefalteten
Würfel
gegenüber?

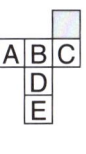

A B C
D
E

Hier findest du die Lösungen.

Name: Rechteck
Anzahl rechter Winkel: 4

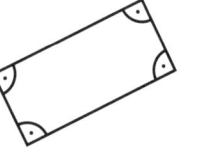

Name: Quadrat
Anzahl rechter Winkel: 4

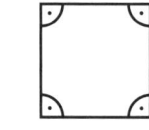

Name: Viereck
Anzahl rechter Winkel: 0

Name: Viereck
Anzahl rechter Winkel: 0

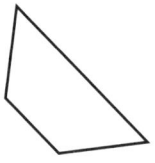

Name: Viereck
Anzahl rechter Winkel: 1

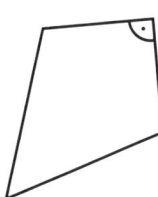

Name: Viereck
Anzahl rechter Winkel: 1

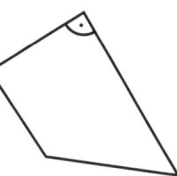

Prisma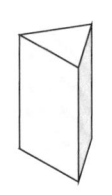

Kegel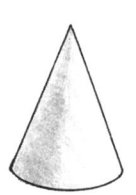

Würfel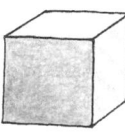

Quader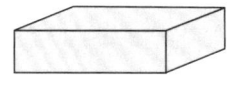

Pyramide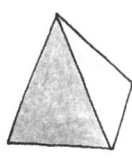

Zylinder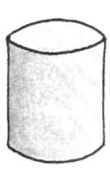

A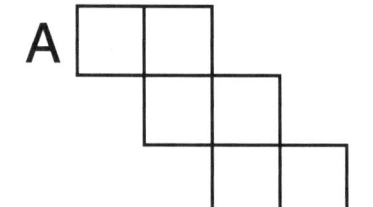

B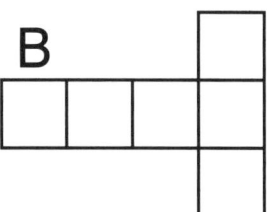

B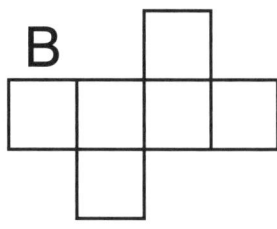

Fläche D liegt beim gefalteten Würfel gegenüber.

Fläche A liegt beim gefalteten Würfel gegenüber.

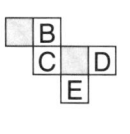

Fläche A liegt beim gefalteten Würfel gegenüber.

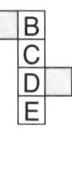

Fläche D liegt beim gefalteten Würfel gegenüber.

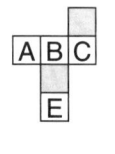

Fläche D liegt beim gefalteten Würfel gegenüber.

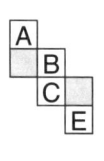

Fläche E liegt beim gefalteten Würfel gegenüber.

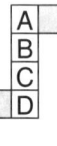

Würfelgebäude und Baupläne / Rauminhalte

A H Seiten 39, 40   M B Seiten 74, 75

● ○ ○ ○ ○   Name:

Aus wie vielen Würfeln besteht das Würfel-gebäude?

● ○ ○ ○ ○   Name:

Aus wie vielen Würfeln besteht das Würfel-gebäude?

● ○ ○ ○ ○   Name:

Aus wie vielen Würfeln besteht das Würfel-gebäude?

● ○ ○ ○ ○   Name:

Aus wie vielen Würfeln besteht das Würfel-gebäude?

● ○ ○ ○ ○   Name:

Aus wie vielen Würfeln besteht das Würfel-gebäude?

● ○ ○ ○ ○   Name:

Aus wie vielen Würfeln besteht das Würfel-gebäude?

● ○ ○ ○ ○   Name:

Zeichne den Bauplan.

● ○ ○ ○ ○   Name:

Zeichne den Bauplan.

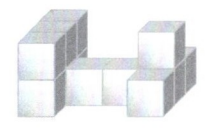

● ○ ○ ○ ○   Name:

Zeichne den Bauplan.

● ○ ○ ○ ○   Name:

Zeichne den Bauplan.

● ○ ○ ○ ○   Name:

Zeichne den Bauplan.

● ○ ○ ○ ○   Name:

Zeichne den Bauplan.

● ○ ○ ○ ○   Name:

Ergänze zu einem möglichst kleinen Würfel. Wie viele Würfel fehlen?

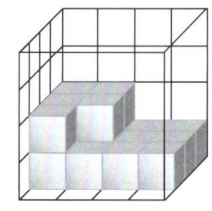

● ○ ○ ○ ○   Name:

Ergänze zu einem möglichst kleinen Würfel. Wie viele Würfel fehlen?

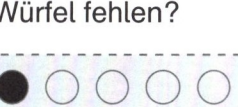

● ○ ○ ○ ○   Name:

Ergänze zu einem möglichst kleinen Würfel. Wie viele Würfel fehlen?

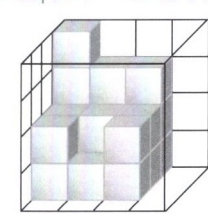

● ○ ○ ○ ○   Name:

Ergänze zu einem möglichst kleinen Würfel. Wie viele Würfel fehlen?

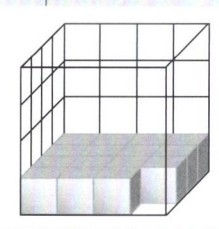

● ○ ○ ○ ○   Name:

Ergänze zu einem möglichst kleinen Würfel. Wie viele Würfel fehlen?

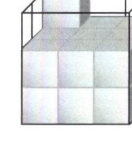

● ○ ○ ○ ○   Name:

Ergänze zu einem möglichst kleinen Würfel. Wie viele Würfel fehlen?

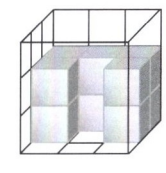

● ○ ○ ○ ○   Name:

Ergänze zu einem möglichst kleinen Quader. Wie viele Würfel fehlen?

● ○ ○ ○ ○   Name:

Ergänze zu einem möglichst kleinen Quader. Wie viele Würfel fehlen?

● ○ ○ ○ ○   Name:

Ergänze zu einem möglichst kleinen Quader. Wie viele Würfel fehlen?

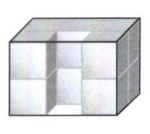

15 Würfel

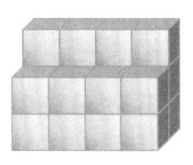

20 Würfel

9 Würfel

14 Würfel

11 Würfel

10 Würfel

1	2	3	2	1
0	0	2	0	0
0	0	1	0	0

2	0	0	1
2	1	1	2
2	0	0	1

3	2	2	2
3	2	2	2

2	2	3
1	0	1

3	2	2	3

3	3	3
2	2	2
1	1	1

Anzahl der Würfel
im Würfelgebäude: 21
Anzahl der Würfel
insgesamt: 64 (4 · 4 · 4)
Anzahl der fehlenden
Würfel: 64 − 21 = 43

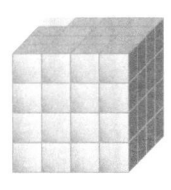

Anzahl der Würfel
im Würfelgebäude: 26
Anzahl der Würfel
insgesamt: 64 (4 · 4 · 4)
Anzahl der fehlenden
Würfel: 64 − 26 = 38

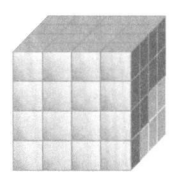

Anzahl der Würfel
im Würfelgebäude: 17
Anzahl der Würfel
insgesamt: 64 (4 · 4 · 4)
Anzahl der fehlenden
Würfel: 64 − 17 = 47

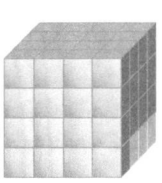

Anzahl der Würfel
im Würfelgebäude: 10
Anzahl der Würfel
insgesamt: 27 (3 · 3 · 3)
Anzahl der fehlenden
Würfel: 27 − 10 = 17

Anzahl der Würfel
im Würfelgebäude: 19
Anzahl der Würfel
insgesamt: 27 (3 · 3 · 3)
Anzahl der fehlenden
Würfel: 27 − 19 = 8

Anzahl der Würfel
im Würfelgebäude: 15
Anzahl der Würfel
insgesamt: 64 (4 · 4 · 4)
Anzahl der fehlenden
Würfel: 64 − 15 = 49

Anzahl der Würfel
im Würfelgebäude: 10
Anzahl der Würfel
insgesamt: 12 (3 · 2 · 2)
Anzahl der fehlenden
Würfel: 12 − 10 = 2

Anzahl der Würfel
im Würfelgebäude: 19
Anzahl der Würfel
insgesamt: 36 (4 · 3 · 3)
Anzahl der fehlenden
Würfel: 36 − 19 = 17

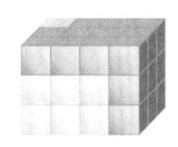

Anzahl der Würfel
im Würfelgebäude: 15
Anzahl der Würfel
insgesamt: 16 (4 · 4 · 1)
Anzahl der fehlenden
Würfel: 16 − 15 = 1

Schriftlich addieren

A H Seiten 47 bis 49, 57   M B Seiten 86 bis 90, 106

Name:

```
  921
+  63
_____
```

Name:

```
  187
+ 416
_____
```

Name:

```
  369
+ 264
_____
```

Name:

```
  528
+ 345
_____
```

Name:

```
   35
+ 671
_____
```

Name:

```
  746
+  95
_____
```

Name:

Rechne schriftlich.
Schreibe richtig untereinander.

63 + 831

Name:

Rechne schriftlich.
Schreibe richtig untereinander.

425 + 54

Name:

Rechne schriftlich.
Schreibe richtig untereinander.

216 + 751

Name:

Rechne schriftlich.
Schreibe richtig untereinander.

174 + 519

Name:

Rechne schriftlich.
Schreibe richtig untereinander.

357 + 462

Name:

Rechne schriftlich.
Schreibe richtig untereinander.

698 + 215

Name:

Rechne schriftlich.
Schreibe richtig untereinander.

213 + 51 + 307

Name:

Rechne schriftlich.
Schreibe richtig untereinander.

29 + 498 + 37

Name:

Rechne schriftlich.
Schreibe richtig untereinander.

9 + 497 + 99

Name:

Rechne schriftlich.
Schreibe Komma unter Komma.

43,89 € + 64,62 €

Name:

Rechne schriftlich.
Schreibe Komma unter Komma.

34,95 € + 795,25 €

Name:

Rechne schriftlich.
Schreibe Komma unter Komma.

501,09 € + 3,47 € + 27,68 €

Name:

Finde die fehlenden Ziffern.

```
    4 6 ◌
+  ◌ 7 3
_____
    1 1
    6 4 1
```

Name:

Finde die fehlenden Ziffern.

```
    5 ◌ 9
+  2 9 4
_____
    1 1
  ◌ 0 3
```

Name:

Finde die fehlenden Ziffern.

```
    ◌ 2 6
+  3 7 7
_____
  1 1 1
  1 0 ◌ 3
```

Hier findest du die Lösungen.

```
   369          187          921
  +264         +416         +  63
   1 1          1 1
  ─────        ─────        ─────
   633          603          984
```

```
   746           35          528
  +  95         +671         +345
   1 1            1            1
  ─────        ─────        ─────
   841          706          873
```

```
   216          425           63
  +751         +  54         +831
  ─────        ─────        ─────
   967          479          894
```

```
   698          357          174
  +215         +462         +519
   1 1            1            1
  ─────        ─────        ─────
   913          819          693
```

```
     9           29          213
  +497          498           51
    99         +  37         +307
   2 2          1 2            1
  ─────        ─────        ─────
   605          564          571
```

```
  501,09€        34,95€       43,89€
    3,47€      +795,25€     + 64,62€
  + 27,68€       1 1 1  1     1  1  1
    1 1  2     ──────────   ──────────
  ──────────    830,20€      108,51€
   532,24€
```

```
   626          509          468
  + 377        +294         +173
   1 1 1         1 1          1 1
  ──────       ─────        ─────
   1003         803          641
```

Längenmaße

AH Seiten 50, 51   MB Seiten 92, 94 bis 97

Name:

Wandle im mm um.

3 cm 4 mm

Name:

Wandle in mm um.

40 cm 7 mm

Name:

Wandle in mm um.

80 cm 19 mm

Name:

Wandle in cm und mm um.

51 mm

Name:

Wandle in cm und mm um.

703 mm

Name:

Wandle in cm und mm um.

620 mm

Name:

Ergänze auf 1000 m.

$19 \text{ m} + \square \text{ m} = 1000 \text{ m}$

Name:

Ergänze auf 1000 m.

$307 \text{ m} + \square \text{ m} = 1000 \text{ m}$

Name:

Ergänze auf 1000 m.

$552 \text{ m} + \square \text{ m} = 1000 \text{ m}$

Name:

Ergänze auf 1000 m.

$623 \text{ m} + 149 \text{ m} + \square \text{ m} = 1000 \text{ m}$

Name:

Ergänze auf 1000 m.

$284 \text{ m} + 361 \text{ m} + \square \text{ m} = 1000 \text{ m}$

Name:

Ergänze auf 1000 m.

$839 \text{ m} + 122 \text{ m} + \square \text{ m} = 1000 \text{ m}$

Name:

Schreibe als Kommazahl.

940 cm = ☐ m

Name:

Schreibe als Kommazahl.

705 cm = ☐ m

Name:

Schreibe als Kommazahl.

2 m 35 cm = ☐ m

Name:

13 m 21 cm + 2 m + 24 m 43 cm
= ☐ m ☐ cm

Name:

31 m 28 cm + 56 cm + 16 m 13 cm
= ☐ m ☐ cm

Name:

42 m 26 cm − 42 m 9 cm
= ☐ m ☐ cm

Name:

Ben ist halb so groß wie seine
Mutter. Zusammen sind sie
2 m 40 cm groß.
F: Wie groß ist Ben? Wie groß ist
seine Mutter?

Name:

Sam springt 3,12 m.
Luisa springt 15 cm weniger weit.
F: Wie weit springt Luisa?

Name:

Sara wohnt 100 m von der Schule
entfernt.
F: Wie weit geht sie in einer
Schulwoche?

Hier findest du die Lösungen.

819 mm	407 mm	34 mm

62 cm 0 mm	70 cm 3 mm	5 cm 1 mm

552 m + $\boxed{448}$ m = 1000 m   307 m + $\boxed{693}$ m = 1000 m   19 m + $\boxed{981}$ m = 1000 m

839 m + 122 m + $\boxed{39}$ m = 1000 m   284 m + 361 m + $\boxed{355}$ m = 1000 m   623 m + 149 m + $\boxed{228}$ m = 1000 m

2 m 35 cm = $\boxed{2,35}$ m   705 cm = $\boxed{7,05}$ m   940 cm = $\boxed{9,40}$ m

42 m 26 cm – 42 m 9 cm = $\boxed{0 \text{ m } 17 \text{ cm}}$

31 m 28 cm + 56 cm + 16 m 13 cm = $\boxed{47 \text{ m } 97 \text{ cm}}$

13 m 21 cm + 2 m + 24 m 43 cm = $\boxed{39 \text{ m } 64 \text{ cm}}$

R: Hin- und Rückweg pro Tag:
100 m + 100 m = 200 m
In einer Schulwoche (5 Tage):
5 · 200 m = 1000 m
1000 m = 1 km
A: 1 km geht sie in einer Schulwoche.

R: 3,12 m = 312 cm
312 cm – 15 cm = 297 cm
297 cm = 2,97 m
A: Luisa springt 2,97 m weit.

R: 2 m 40 cm = 240 cm
240 cm : 3 = 80 cm
A: Ben ist 80 cm groß.
Mutter: 2 · 80 cm = 160 cm = 1,60 m
A: Bens Mutter ist 1,60 m groß.

Schriftlich subtrahieren

AH Seiten 54 bis 57   MB Seiten 100 bis 106

Name:

```
  185
-  21
```

Name:

```
  469
- 254
```

Name:

```
  776
- 345
```

Name:

```
  872
- 458
```

Name:

```
  518
- 195
```

Name:

```
  631
- 565
```

Name:

Rechne schriftlich.
Schreibe richtig untereinander.

693 – 412

Name:

Rechne schriftlich.
Schreibe richtig untereinander.

378 – 54

Name:

Rechne schriftlich.
Schreibe richtig untereinander.

896 – 91

Name:

Rechne schriftlich.
Schreibe richtig untereinander.

538 – 319

Name:

Rechne schriftlich.
Schreibe richtig untereinander.

935 – 675

Name:

Rechne schriftlich.
Schreibe richtig untereinander.

706 – 94

Name:

Rechne schriftlich.
Schreibe richtig untereinander.

413 – 197

Name:

Rechne schriftlich.
Schreibe richtig untereinander.

908 – 389

Name:

Rechne schriftlich.
Schreibe richtig untereinander.

603 – 87

Name:

Rechne schriftlich.
Schreibe Komma unter Komma.

60,50 € – 9,68 €

Name:

Rechne schriftlich.
Schreibe Komma unter Komma.

159,05 € – 73,86 €

Name:

Rechne schriftlich.
Schreibe Komma unter Komma.

724,42 € – 408,55 €

Name:

Finde die fehlenden Ziffern.

```
  9 3 ○
- ○ 4 7
  6 8 7
```

Name:

Finde die fehlenden Ziffern.

```
  3 ○ 0
- 1 9 1
  ○ 7 9
```

Name:

Finde die fehlenden Ziffern.

```
  ○ 5 3
- 4 6 7
  ○ 6
```

Hier findest du die Lösungen.

```
  776          469          185
 −345         −254         − 21
  431          215          164
```

```
  631          518          872
 −565         −195         −458
   66          323          414
```

```
  896          378          693
 −  91         −  54         −412
  805          324          281
```

```
  706          935          538
 −  94         −675         −319
  612          260          219
```

```
  603          908          413
 −  87         −389         −197
  516          519          216
```

```
  724,42€       159,05€       60,50€
 −408,55€      −  73,86€     −  9,68€
  315,87€       85,19€        50,82€
```

```
  553          370          934
 −467         −191         −247
   86          179          687
```

Gewichte

A H Seiten 60, 61   M B Seiten 112 bis 115

● ○ ○ ○ ○   Name:

Welches Gewicht passt?
1 g, 100 g, 1 kg, 10 kg,
100 kg, 1000 kg

● ○ ○ ○ ○   Name:

Welches Gewicht passt?
1 g, 100 g, 1 kg, 10 kg,
100 kg, 1000 kg

● ○ ○ ○ ○   Name:

Welches Gewicht passt?
1 g, 100 g, 1 kg, 10 kg,
100 kg, 1000 kg

● ○ ○ ○ ○   Name:

Welches Gewicht passt?
1 g, 100 g, 1 kg, 10 kg,
100 kg, 1000 kg

● ○ ○ ○ ○   Name:

Welches Gewicht passt?
1 g, 100 g, 1 kg,
10 kg, 100 kg, 1000 kg

● ○ ○ ○ ○   Name:

Welches Gewicht passt?
1 g, 100 g, 1 kg, 10 kg,
100 kg, 1000 kg

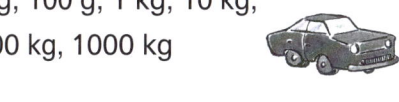

● ○ ○ ○ ○   Name:

Ergänze auf 1000 g.

$31\ g + \boxed{\ }\ g = 1000\ g$

● ○ ○ ○ ○   Name:

Ergänze auf 1000 g.

$245\ g + \boxed{\ }\ g = 1000\ g$

● ○ ○ ○ ○   Name:

Ergänze auf 1000 g.

$867\ g + \boxed{\ }\ g = 1000\ g$

● ○ ○ ○ ○   Name:

Ergänze auf 1000 g.

$128\ g + 435\ g + \boxed{\ }\ g$
$= 1000\ g$

● ○ ○ ○ ○   Name:

Ergänze auf 1000 g.

$\boxed{\ }\ g + 74\ g + 767\ g$
$= 1000\ g$

● ○ ○ ○ ○   Name:

Ergänze auf 1000 g.

$399\ g + \boxed{\ }\ g + 286\ g$
$= 1000\ g$

● ○ ○ ○ ○   Name:

Ergänze auf 1000 kg.

$453\ kg\ 300\ g + \boxed{\ }$
$= 1000\ kg$

● ○ ○ ○ ○   Name:

Ergänze auf 1000 kg.

$72\ kg\ 650\ g + \boxed{\ }$
$= 1000\ kg$

● ○ ○ ○ ○   Name:

Ergänze auf 1000 kg.

$1\ kg\ 125\ g + \boxed{\ }$
$= 1000\ kg$

● ○ ○ ○ ○   Name:

Wie viel wiegt
die volle
Einkaufstasche?

1 kg Mehl
250 g Käse
500 g Tomaten
250 g Butter

● ○ ○ ○ ○   Name:

Wie viel wiegt
die volle
Einkaufstasche?

125 g Joghurt
500 g Spinat
2 kg Birnen
200 g Nüsse

● ○ ○ ○ ○   Name:

Wie viel wiegt
die volle
Einkaufstasche?

750 g Nudeln
5 kg Kartoffeln
1 Müsliriegel
(75 g)

● ○ ○ ○ ○   Name:

Tina wiegt halb so viel wie ihre Mutter.
Zusammen wiegen sie 96 kg.
F: Wie viele Kilogramm wiegt Tina?
Wie viele Kilogramm wiegt Tinas Mutter?

● ○ ○ ○ ○   Name:

Emils Eltern wiegen zusammen
146 kg. Emil wiegt 117 kg weniger.
F: Wie viele Kilogramm wiegt
Emil?

● ○ ○ ○ ○   Name:

Benno isst jeden Tag 1 kg 100 g
Obst oder Gemüse.
F: Wie viele Kilogramm sind das in
einer Woche?

Hier findest du die Lösungen.

1 kg	100 g	1 g
1000 kg	100 kg	10 kg

867 g + ⬚133⬚ g = 1000 g | 245 g + ⬚755⬚ g = 1000 g | 31 g + ⬚969⬚ g = 1000 g

399 g + ⬚315⬚ g + 286 g = 1000 g | ⬚159⬚ g + 74 g + 767 g = 1000 g | 128 g + 435 g + ⬚437⬚ g = 1000 g

1 kg 125 g + ⬚998 kg 875 g⬚ = 1000 kg | 72 kg 650 g + ⬚927 kg 350 g⬚ = 1000 kg | 453 kg 300 g + ⬚546 kg 700 g⬚ = 1000 kg

750 g + 5 kg + 75 g = ⬚5 kg 825 g⬚ | 125 g + 500 g + 2 kg + 200 g = ⬚2 kg 825 g⬚ | 1 kg + 250 g + 500 g + 250 g = ⬚2 kg⬚

R: 7 · 1 kg = 7 kg
$\quad$ 7 · 100 g = 700 g
$\quad$ 7 kg + 700 g = 7 kg 700 g
A: 7 kg 700 g sind das in einer
$\quad$ Woche.

R: 146 kg – 117 kg = 29 kg
A: 29 Kilogramm wiegt Emil.

R: 96 kg : 3 = 32 kg
A: 32 Kilogramm wiegt Tina.
R: 32 kg + 32 kg = 64 kg
A: 64 Kilogramm wiegt Tinas
$\quad$ Mutter.

Zeit

A H Seiten 62, 63   M B Seiten 116, 117

Name:

Wie viele Sekunden sind vergangen?

Name:

Wie viele Sekunden sind vergangen?

Name:

Wie viele Sekunden sind vergangen?

Name:

Wie viele Minuten sind vergangen?

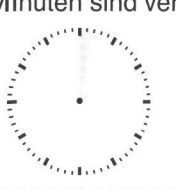

Name:

Wie viele Minuten sind vergangen?

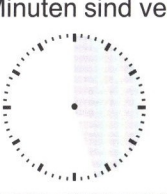

Name:

Wie viele Minuten sind vergangen?

Name:

Rechne in s um.

5 min 7 s

Name:

Rechne in s um.

7 min 49 s

Name:

Rechne in s um.

10 min 31 s

Name:

Rechne in min und s um.

183 s

Name:

Rechne in min und s um.

275 s

Name:

Rechne in min und s um.

599 s

Name:

Rechne.

2 min + 40 s + 60 s = ☐ s

Name:

Rechne.

6 min + 80 s + 55 s = ☐ s

Name:

Rechne.

8 min − 70 s − 45 s = ☐ s

Name:

Wie lange dauert es?

18.15 Uhr → 18.37 Uhr

Name:

Wie lange dauert es?

7.27 Uhr → 8.00 Uhr

Name:

Wie lange dauert es?

21.49 Uhr → 22.08 Uhr

Name:

Wie lange dauert es?

12.32 Uhr → 19.47 Uhr

Name:

Wie lange dauert es?

9.13 Uhr → 12.00 Uhr

Name:

Wie lange dauert es?

17.43 Uhr → 23.16 Uhr

59 s

38 s

13 s

41 min

27 min

2 min

631 s

469 s

307 s

9 min 59 s

4 min 35 s

3 min 3 s

8 min – 70 s – 45 s = $\boxed{365}$ s

6 min + 80 s + 55 s = $\boxed{495}$ s

2 min + 40 s + 60 s = $\boxed{220}$ s

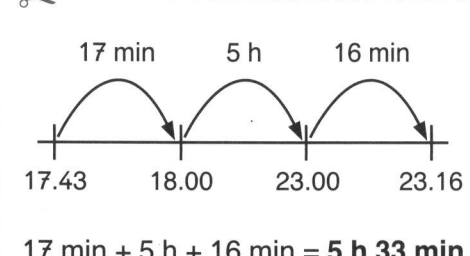

11 min + 8 min = **19 min**

33 min
7.27   8.00

22 min
18.15   18.37

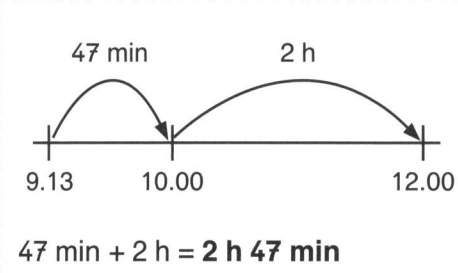

17 min + 5 h + 16 min = **5 h 33 min**

47 min + 2 h = **2 h 47 min**

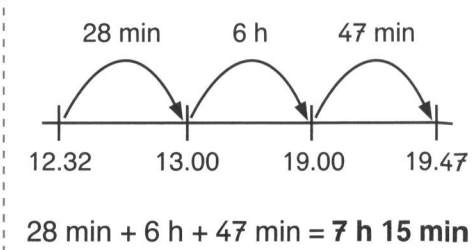

28 min + 6 h + 47 min = **7 h 15 min**

Sachrechnen 2

AH Seiten 64, 65   MB Seiten 118, 119

Name:

In der Tierhandlung gibt es 15 männliche und 17 weibliche Meerschweinchen, insgesamt 31 Kaninchen, davon 15 männliche sowie 13 männliche Hamster und doppelt so viele weibliche. Zeichne eine Tabelle.
F: Wie viele Kleintiere sind es insgesamt?

Name:

In der Tierhandlung gibt es 27 Mäuse, davon sind 14 weiß, der Rest braun. Kaninchen gibt es 32 weiße und halb so viele braune. Bei den insgesamt 36 Meerschweinchen gibt es zweimal so viele weiße wie braune. Zeichne eine Tabelle.
F: Wie viele Kleintiere sind es insgesamt?

Name:

Im Aquarium schwimmen 3 Welse, 7 Schleierschwänze, 11 Guppys und 8 Neonfische. Zeichne ein Balkendiagramm.
F: Wie viele Fische schwimmen insgesamt im Aquarium?

Name:

In der Vogelabteilung sollen die 56 Kanarienvögel gleichmäßig auf 8 Käfige verteilt werden.
F: Wie viele Vögel sind in einem Käfig?

Name:

Die 24 Hamster sollen auf mehrere Käfige aufgeteilt werden. In jeden Käfig sollen 8 Tiere.
F: Wie viele Käfige werden benötigt?

Name:

Im Großaquarium schwimmen 64 Clownfische. Sie sollen auf kleinere Aquarien aufgeteilt werden.
F: Wie viele Aquarien werden benötigt, wenn höchstens 7 Fische in ein Aquarium sollen?

Name:

Franzi kauft für ihren Hamster Futter für 6,20 €, 5 kg Streu für 7,90 € und ein neues Häuschen für 16,50 €.
F: Wie viele Euro kostet das zusammen?

Name:

Ben kauft Trockenfutter für seinen Terrier Rudi. Die 12-kg-Packung für 36 € reicht für 3 Monate.
F: Wie viel kg Futter frisst der Terrier in der Woche? Wie viele Euro kostet es?

Name:

Für ihr Aquarium kauft Luisa 5 Guppys für je 90 ct, 2 Welse für je 1,30 € und 3 Wasserpflanzen für je 2,40 €.
F: Wie viele Euro kostet das zusammen?

Name:

Familie Berger muss für ihren Hund jährlich 120 € für Hundesteuer und Versicherung bezahlen.
F: Wie viele Euro sind das im Monat?

Name:

Jakobs Hund muss einmal jährlich geimpft und dreimal entwurmt werden. Eine Impfung kostet 31,30 €, eine Wurmkur 12,95 €.
F: Wie viele Euro kostet das im Jahr zusammen?

Name:

Sara möchte 800 g Katzenfutter kaufen. Eine 200-g-Dose kostet 0,66 €, eine 400-g-Dose kostet 0,99 €.
F: Welches Angebot ist günstiger? Wie viele Euro kann sie sparen?

Name:

Am Samstag hat die Tierhandlung 5 Stunden und 45 Minuten geöffnet. Um 13.30 Uhr schließt das Geschäft.
F: Wann öffnet die Tierhandlung?

Name:

Die Tierhandlung öffnet um 8.30 Uhr und schließt um 18.15 Uhr. Zwischen 12.15 Uhr und 13 Uhr ist Mittagspause.
F: Wie viele Stunden hat die Tierhandlung geöffnet?

Name:

Tierpfleger Tom arbeitet 8 Stunden am Tag. Er beginnt um 7.35 Uhr. Um 10.15 Uhr macht er 15 Minuten Pause. Von 12.30 Uhr bis 13.30 Uhr ist Mittagspause.
F: Wann macht der Tierpfleger Feierabend?

Name:

Tinas Labrador wiegt bei der Geburt 751 g. Armins Terrier wiegt 557 g weniger.
F: Wie viel wiegt Armins Terrier?

Name:

Luisas Zwergkaninchen wiegt 1 kg 200 g. Der Käfig alleine wiegt 6 kg 950 g, mit Streu wiegt er 1 kg 250 g mehr.
F: Wie viel wiegt das zusammen?

Name:

Karls Meerschweinchen wiegt bei der Geburt 90 g. Nach 1 Woche hat es bereits den dritten Teil des Ausgangsgewichts zugenommen.
F: Wie schwer ist das Meerschweinchen nach einer Woche?

Name:

Die Schulterhöhe einer ausgewachsenen Dalmatinerhündin beträgt 64 cm, ein Zwergpudel wird nur halb so hoch.
F: Wie groß wird ein Zwergpudel?

Name:

Andis Guppys sind 44 mm lang. Seine Regenbogenfische sind dreimal so lang. Die Welse sogar fünfmal so lang.
F: Wie lang sind Andis Regenbogenfische und Welse?

Name:

Andi will für seinen Hamster ein quadratisches Häuschen (ohne Bodenfläche) bauen. Die Seitenflächen sollen 20 cm lang sein.
F: Wie viel cm Holz muss er kaufen, wenn eine Platte 40 cm breit ist?

R: 3 + 7 + 11 + 8 = **29**

S: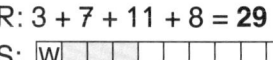

A: 29 Fische schwimmen insgesamt im Aquarium.

	Mä	Ka	Me	insg.
w	14	32	24	70
b	13	16	12	41
insg.	27	48	36	111

A: 111 Kleintiere sind es insgesamt.

	M	K	H	insg.
m	15	15	13	43
w	17	16	26	59
insg.	32	31	39	102

A: 102 Kleintiere sind es insgesamt.

R: 64 : 7 = **9 R 1**

A: 10 Aquarien werden benötigt.

R: 24 : 8 = **3**

A: 3 Käfige werden benötigt.

R: 56 : 8 = **7**

A: 7 Vögel sind in einem Käfig.

R: 5 · 90 ct = 450 ct = 4,50 €
   2 · 130 ct = 260 ct = 2,60 €
   3 · 240 ct = 720 ct = 7,20 €
   4,50 € + 2,60 € + 7,20 € = **14,30 €**

A: 14,30 € kostet das zusammen.

R: 12 kg : 3 = **4 kg**
   36 € : 3 = **12 €**

A: 4 kg Futter frisst der Terrier in der Woche. 12 € kostet es.

R: 6,20 € + 7,90 € + 16,50 €
   = **30,60 €**

A: 30,60 € kostet das zusammen.

R: 4 · 66 ct = 264 ct = 2,64 €
   2 · 99 ct = 198 ct = 1,98 €
   2,64 ct − 1,98 ct = 0,66 €

A: Es ist 0,66 € günstiger, wenn sie zwei 400-g-Dosen kauft.

R: 3 · 12,95 € = 38,85 €
   31,30 € + 38,85 € = **70,15 €**

A: 70,15 Euro kostet das im Jahr zusammen.

R: 120 € : 12 = **10 €**

A: 10 € sind das im Monat.

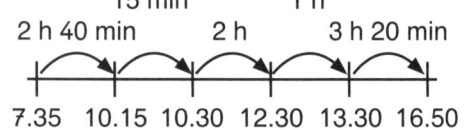

A: Um 16.50 Uhr macht der Tierpfleger Feierabend.

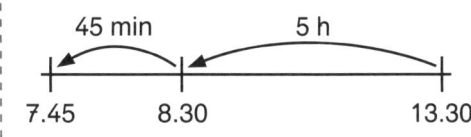

A: 9 Stunden hat die Tierhandlung geöffnet.

A: Um 7.45 Uhr öffnet die Tierhandlung.

R: 90 g : 3 = 30 g
   90 g + 30 g = **120 g**

A: 120 g schwer ist das Meerschweinchen nach einer Woche.

R: 1 kg 200 g + 6 kg 950 g +
   1 kg 250 g = **9 kg 400 g**

A: 9 kg 400 g wiegt das zusammen.

R: 751 g − 557 g = **194 g**

A: 194 g wiegt Armins Terrier.

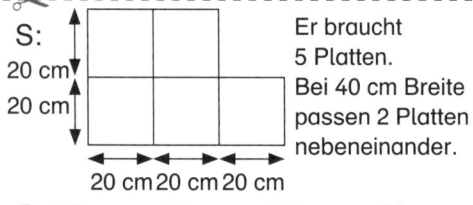

Er braucht 5 Platten.
Bei 40 cm Breite passen 2 Platten nebeneinander.

R: 20 cm + 20 cm + 20 cm = 60 cm
A: 60 cm Holz muss er kaufen.

R: 44 mm + 44 mm + 44 mm
   = **132 mm**
   132 mm + 44 mm + 44 mm
   = **220 mm**

A: Andis Regenbogenfische sind 132 mm lang und die Welse sind 220 mm lang.

R: 64 cm : 2 = **32 cm**

A: 32 cm groß wird ein Zwergpudel.